U0033074

富者的態度

關於工作、投資、關係、金錢的正確心態

J won（제이원）——著
Loui——譯

부자의 자세 : 부자를 만드는 건, 돈이 아닌 자세다

推薦序

讓自己站在期望值大的一邊

畢德歐夫

《富者的態度》這本書乍看之下似乎沒有教什麼特別的投資方法，感覺就普普通通，但花點時間閱讀會發現，這跟平常我正在做的事情非常相似。除了作者說不要當全職投資人，這點跟我的現況有些不同之外，大多數的觀念都是我腦海中跟生活中不斷實踐的日常。

書中提到的自由，包含了時間自由、資本自由和關係自由。意思是說，很會賺錢的人，如果全部時間都被綁死，那不是眞正的自由；而一個遊民時間很多，卻流浪街頭，受盡苦楚，這當然也不算自由，因爲他沒有「資本自由」；至於關係自由，基本的血緣我們無法斬斷，然而，有些人收入雖然高，卻不得不出席各種應酬場合，跟不熟或不喜歡的同事、客戶交陪，這就是沒有「關係自由」，常發生在一些高階主管身上。

書中有一段話我非常喜歡：

「擁有富者態度的人，就連渺小的運氣也能轉化爲巨大的機會。」

最近愈來愈多人認爲自己終其一生沒能得到成功（賺錢），都是因爲運氣不好的緣故。檯面上那些賺錢的人，也只不過是運氣好而已。

我認爲這是一種很危險的想法，容易讓自己陷入「找藉口」的窘境。如果什麼事情都有相對應的藉口，久而久之，人會變得消極，而且悲觀起來。

並不是說運氣不重要，而是具備洞察力的人，就比較容易注意到生活中的各種機會，可以把渺小的好運變成大大的好運。

這是千眞萬確的。過去十多年來，我感受良多，如果不是因爲遇到各種富人的啓發，我很可能還停留在抱怨與憤恨不平的思考漩渦當中。

曾有讀者問我說：「我很努力、很有紀律地做對的事情，要是到了六十歲還是沒賺到錢，那怎麼辦？」

其實，這樣的人往往也不會過得太差，我都是這麼回答讀者。

試想，成功本來就有運氣的成分，我們只是盡可能讓自己站在期望值大的一邊。做好自我管理，並不是保證成功，卻已經讓我們在前往成功的路途上。因此，就算六十歲還是沒有賺到大錢，也不至於讓自己墮入社會的中下階層。

「成功之路並非筆直向上的垂直線，而是歷經無數曲折，慢慢往右上移動的曲線。讓人跨越那些曲折的意志力，正是來自於堅持不懈的自我管理。」

這段話我非常認同，因為自律性高的人，確實比較容易賺到錢，並且守住錢。有時候會聽到某些人因為做生意或玩股票賺到大錢，但很可惜後來又輸光了，這樣的案例相信大家多少都聽過。那是因為他們還不具備富者的態度。

眞正的富者，其實自律性很高，往往會節制飲食、規律運動、不斷學習。

這本書，我認為很適合想要賺錢的讀者閱讀，推薦給各位。

讓自己擁有富者的態度，勇敢面對自己的人生！

（本文作者為《我在計程車上看到的財富風景》作者、最會說故事的理財作家）

推薦序

願正確的心態與你同在

愛瑞克

翻開此書，滿滿的重點令我目不暇給。作者不僅是一位成功的商業人士，同時也是一位善於觀察、說理論述的高手，因此，由他親身實證有效的這些富者們的態度，不僅簡單易懂，而且令人信服。

很認同書中所說：「相較於該做的事，更應重視不該做的事。誤把不做也無所謂的事，當成一定要做的事，費盡心力，抱持錯誤的期待，只會衍生出更嚴重的問題。」這與我在拙作《原力效應》強調「控管變數」「逆向建造」的重要性相互輝映。許多人誤以爲人生要成功，必須同時做很多事情，控管一切。實際上，許多頂尖成功人士會找出眞正最重要的變數，把專注力放在最關鍵的幾件事上面，而不是成爲一個「控制狂」，也不會任由瑣事雜務分散了自己的專注力。

當然，這不代表富者不注重細節，書中提到「即便是小事，也要找出更好的方法」「致力於把每件事做到最好」，這與上一段的說法並不衝突。舉例而言，如果成功者判斷出輸贏的關鍵變數在於「服務品質」，那麼爲了達成品質的高標準，就一定會專注於如何改善作業流程與方法，不斷進行改良與升級，讓自己輸出的品質遠遠超出其他同業競爭者。至於其他的變數，對最後輸贏並不會有重大影響性，也就不需要犧牲自己的時間去分散了專注力。

另一個讓我深有共鳴的是書中提到「建立系統」的重要。二十多年前，我在台大校內草創TMBA這個社團，經過時間的考驗，TMBA持續壯大，成爲了跨校的非營利組織，也是目前全台灣最大的MBA社群。即便遇到COVID-19疫情，TMBA招生人數卻在二〇二一年創下七百多位新生同時加入的歷史新高。朋友問我，爲什麼TMBA可以運作得如此順利？關鍵就在於建立一套穩健的系統，無論組織遇到任何變故，都能夠有足夠的應變能力去做調整。這是因爲在一開始設計組織架構的時候，就賦予它彈性的部門調整機制，無論人力多寡，組織都能夠以高效率的方式運用人力及相關資源。

此外，書中強調「投資方能成爲完整的富者」，尤其在成爲富者之後，一定要投資。除了投資收益可以抵抗通膨之外，更重要的是，投資等於是用錢去買別人的時間，讓別人的專業及努力爲我們所用。一位富者不可能事必躬親，不可能每一分錢都完全靠自己賺，那樣太沒效率，而且自己一定會有忙碌、生病、旅遊或需要放鬆休息的時候。善用投資工具，等於是讓已經賺到的錢再繼續爲我們賺更多錢，這是富者更富的關鍵所在。

富者一定有一套致富的系統，成功者也一定有讓他們成功的系統，而這樣的系統，需要正確的心態設定，加上長時間經驗的累積，不斷改良而成。我認爲此書即是幫助您發展成爲一位富者、成功者的心態設定指南，值得好好研讀，並內化成爲我們人生運作系統的核心。

（本文作者爲《內在原力》系列作者、TMBA共同創辦人）

推薦序

富有，是具備自由的能力

Jet Lee

這世上絕大部分的人都想要變有錢，可是卻不見得會變富有。

且慢，有錢不等於富有嗎？

以前流傳，「富就是不欠錢」的說法。但其實除了金錢以外，富者還具備支配時間、人際關係這兩件事的自由。

如果你很有錢，但沒有時間花，或是無法放下客戶，切割出私人領域，那這些錢對你來說根本毫無意義。縱使你人在遊艇上，卻無法放下手上的電話，或是離不開你的筆記型電腦，又怎麼能稱得上富有呢？

不過，最首要是，你得先累積出足夠的非勞動收入，或者可以稱爲被動收入。

再更進一步說，等你的金錢足夠支持你自在地旅行、體驗生活，那就可以說至少達到富者的第一種自由——資本（財富）自由。

我知道許多人講到財富自由，都會不由自主聯想到靠投資達成目標。但有多少比例的人眞的只靠投資就達成財富自由呢？

因爲投資要成功，得在「資本」「時間」「知識」這三個要素中做出配置。好比指數化投資，因爲熟悉金融投資的基本常識，所以我們知道，只要持續累積資本，長期停留在市場上，最終都會得到巨大的回報。若是有人說他保證能在極短時間內，用很少的資本，得到足夠未來幾十年人生所需的財富，除非他擁有極其稀缺的金融知識，否則通常會是騙子。

回到合理投資這件事。大部分的人一開始都是缺乏資本，再加上必須顧三餐，還得有個遮風避雨的地方，這就是爲什麼我們需要勞動，需要勞動報酬來支持我們活下去。從事勞動以賺取資本，並學會控制欲望，然後根據自己習得的知識進行投資，年復一年地持續進行下去，最終得到財富自由。

但每個人能獲得的勞動所得都不一樣。爲什麼？

這取決於你的基本態度、工作態度、身在職場的態度、經營商業行爲的態度。

有些人靠著經商變富有，有些人就算一直待在職場上擁有一份工作，一樣可以變富有。這本書會告訴你，富者怎麼看待職場，應對同事之間的相處。透過這本書理解商場上那些看似違背正直、無謂良心的運作方式，才能讓你更靠近富有階段。

當然，你也該學學富者怎麼面對人際關係。我看到書中這段，不禁想起與身邊富者相處的模式，才驚覺這些態度不限於韓國，而是世界通用的法則。或許你會感到衝擊，覺得不習慣，因爲這些內容有違傳統觀念。不過請相信我，世界的運作就有如作者筆下那樣眞實。

我知道戲劇中總愛把富有之人詮釋成奸險無恥之徒，但那都是爲了迎合社會上絕大部分人的心中所想。如果你是眞心想成爲富者，非常建議將本書看個兩遍、三遍，然後把你至今的人生逐一比對，你一定可以往富有更靠近一大步！

（本書作者爲「Jet Lee的投資隨筆」版主）

序

使你富有的不是金錢，是態度

《富者的態度》在韓國於二〇一九年四月一日首刷發行後，獲得很多讀者青睞，二手書價甚至在絕版以後，翻漲超過二十倍。雖然有許多人要求再版，但由於私人原因和惰性使然，此事再三拖遲，如今終於推出改版作品。

應該很少有人像我一樣，認識這麼多不同類型的富者，其中多數是從青少年時期便開始創業做生意，從中取得成功的富者。

這裡說的富者，不包括媒體炒作的名人或藝人，因爲他們缺乏時間或人際自由。正如我在第一章下的定義，富者是擁有三種自由的人。因此，儘管收入再高，缺乏時間或人際自由的名人或藝人，仍難以稱得上富者。

我突然想起某位百萬訂閱 YouTuber 說過一句話：

「我的夢想是不再當 YouTuber。」

著實令人意外。一般來說，每個人都會希望自己像他一樣，成爲擁有大量點閱的YouTuber，但他本人卻不想繼續這份工作。然而，聽完他的緣由後，我似乎能理解他爲什麼這麼說。

爲了經營頻道，他每天不斷拍影片，放棄許多自己想做的事，也未曾好好休息。換句話說，他根本沒有時間與人際自由。

或許他的收入很高，但爲了維持這樣的收入，他比一般的上班族更缺乏時間與人際自由。每天連休息的時間也沒有，反覆拍影片、編輯、寫文案的循環，只求維持頻道收入。也因此，他的夢想諷刺地成了不再當YouTuber。

我對富者的定義是，**擁有時間、人際、金錢這三種自由的人**。

我在做生意、開公司、投資的過程中，認識了許多擁有這三種自由的富者，就連我的學生中，也開始出現這樣的富者。

他們是怎麼成爲富者的呢？莫非眞的就像媒體或某些人所說，是一夜致富嗎？抑或運氣好？遇到貴人？如果都不是的話，難道是因爲很會做生意或經營公司？

以上皆非。

一開始，他們抱持的態度便不同於他人。正如俗話所說，每個人一生中都有三次機會。以經驗來看，大家應該天生都有基本的運氣。只不過，在他們善用這點成爲富者的同時，有些人卻壓根不知道自己有這樣的運氣，始終過著貧苦的生活。

之所以有此差別，關鍵就在於富者的態度。

擁有富者態度的人，就連渺小的運氣也能轉化為巨大的機會。

希臘神話中的「機會之神」卡俄茹斯，前額瀏海非常茂密，後方卻是童山濯濯。如果你及時發現祂，就可以抓住祂豐盈的瀏海，要是你錯過了，將因爲光禿禿的後腦勺，什麼都抓不到。

就我的經驗來說，原本抓住機會，卻又不小心鬆手的情況絕非少數。舉凡抓不到，或是抓到後又鬆手的情況，也就是不曾成功的人、成功後又失敗的人、失敗後無法東山再起的人，他們的問題全都出於態度。

我從二〇一三年開始透過講座教授不動產標售。我的人氣沒這麼高，學生自然不多。教學期間，我看到許多學生藉由投資賺進無數財富，但也目睹了其中一些人，雖然賺了大錢，卻無法守成。甚至有人因爲投資賺來的巨款，過得比從前更辛苦，令人相當惋惜。

究竟爲什麼會發生這種事呢？

看著這一切，我絞盡腦汁，自行做了研究，最後得到了一個結論：我可以從長期觀察的富者態度中找到答案。

想要獲得成功，抑或好好守成、克服失敗，一開始便應該抱持富者的態度。

因此，我決定執筆這本《富者的態度》。

這次改版，應大家的要求保留初版內容，另外新增了一些章節。

之前有個電視節目，向快要倒閉的小店傳授熱門店家的生意祕訣與食譜，幫助他們成爲名店。起初，所有的小店都得到了成功，不僅營業額提高，也賺了很多錢。但經過一段時間後，這些店家再度變成了快要倒閉的小店。爲什麼會這樣呢？

我想，差別正是在於富者的態度。

爲了成爲富者，我們首先要做的就是學習正確的態度。

想成爲富者嗎？

那就先培養態度吧！

CONTENTS

CHAPTER 2

基本態度——富者不是天生的

CHAPTER 3 工作的態度——富者不會樂在工作

CHAPTER 4 身在職場的態度——富者不會挑工作

CHAPTER 5 經商的態度——富者不會魯莽行動

CHAPTER 6 對待關係的態度——富者不會害怕寂寞

CHAPTER 7

對待金錢的態度——富者不會小看金錢

CHAPTER

8 投資的態度——投資方能成爲完整的富者

前言

何謂富者？

我很早就開始做生意和開公司了。我從學生時期開始便一邊賺零用錢，一邊從中學習賺錢的訣竅。也因此，我對做生意和開公司，自然比讀書更有興致。

機緣下展開的生意，在經過我的一番努力後，獲得很大的成功，也成了我不再留戀一般職場生活的契機。

由於我很早就開始做生意和開公司，所以認識不少有錢人，但他們和電視劇裡的樣子截然不同。電視劇裡出現的富者多半是編劇筆下、觀眾想看到的假想人物，與眞正的富者實在是天差地遠。

電視劇或新聞媒體中的富者總是被描繪成惡意欺壓弱勢的惡毒形象。

但實際上幾乎不會有富者這麼做。

爲什麼呢？

假設你是擁有房產的富者。房客跟你承租房子，你能因爲他住在你的房子裡，就隨便對待他嗎？如果隨便對待他，會發生什麼事呢？

有別於大家的想像，現實中，你不能隨便對待受租賃契約保護的承租人。假如你這麼做，意味著與其產生糾紛，這對於收房租的你來說，根本沒有利益可言。

要是房客因此不付房租，你想怎麼做？像電視劇演的那樣，找人毆打他、逼他離開嗎？還是逕自打包他的行李，強行把他趕出家門呢？

萬萬不可。這樣一來，你有可能吃上侵占財產罪或竊盜罪的官司。

不同於電視劇，現實中，依韓國法律，我們只能在房客拖欠三次房租（約三個月）以上時，以訴訟的方式要求搬離。其餘方式都是非法的行爲。

說起來容易，但如果房客拖欠房租未達三次，我們仍無法透過訴訟要求他離開。除此之外，即便房客拖欠房租超過三次，達成提告的條件，若法院文書延宕、承租人故意不收件導致延遲送達，抑或過程中發生各種變數，訴訟期間有可能長達六個月至一年以上。因爲韓國民事訴訟採送達優先制，假如文書未送達，便無法執行訴訟。

或許你會問，報章媒體不是說過，屋主會爲了搶走生意興隆的店面，突然提高租金，故意趕走承租人嗎？

那並非實際的富者樣貌。說穿了，那只是商家一貫的宣傳手法。套句老話來說，不過是本性而已。報章媒體的報導往往與現實有落差，這些偏頗的報導之所以會出現，是因爲人們想要聽到、看到這樣的新聞。

現實世界中，就算房東搶走了生意興隆的店面，那份貪婪之心也無法維持太久。想要自己經營，因此趕走承租人，接手店鋪的房東通常無法撐過一年。生意並不是誰都能做的事。當食物的味道改變，服務和接待客人的方式不同以往，客人很快就會察覺。等到客人漸漸流失，人事費用和稅金帶來赤字，馬上就會關門大吉。

明知會有這種結果，有哪個親自賺過錢的富者會做這種事？（如果是暴發戶或富二代或許會起這樣的貪念，因爲他們不曾經歷過賺錢的過程。）富者並非一夜致富，而是透過長久的經驗與知識才累積到財富，怎麼可能連如此簡單的原理都不懂？

報章媒體上的文章只是爲了激發讀者興趣，才會特意加油添醋，不切實際的地方多如牛毛。

富者的形象多半與電視劇裡有著天壤之別。他們既不會欺負清潔人員，也不會背著員工讓自己的子女空降高位。

以常理思考一下吧。光是身爲富者就已經背負罵名，他們有可能在眾目睽睽下欺負清潔人員嗎？有可能背著員工，讓子女成爲空降主管嗎？他們的子女又不是玩偶，不會對父母的話百依百順，瞞著員工讓他們進公司更是沒有必要。

其次，電視劇裡的室長或本部長通常都不工作，只負責談戀愛，辦公桌上什麼都沒有，收拾得一乾二淨。可是，你看看那些公司高層的桌子，應該放滿各式各樣的文件，亂得令人暈頭轉向吧？近期多數企業推行電子公文後，雖然少了一些簽核文件，但他們的辦公桌依然亂七八糟。

換句話說，電視劇的內容不過是與現實相悖的幻想。

想要成為富者的話，先表現出富者的樣子吧！

我認識的眞正有錢人，從一開始便表現出富者的模樣。他們仰賴的不是昂貴的服飾和名牌，而是以語氣、行動、姿態，讓人感受到他們的富有。

富者們儘管有自己的個性，卻都抱持著共同的心態與姿態。現在，各位將透過這本書，親眼看見無數富者的眞實面貌。本書將告訴各位究竟何謂富者，以及成爲富者的人，有著怎樣的態度。

由於很難一一取得本人的允許，因此部分情節經過了改編。除此之外，我也想生動地表達出長久以來從他們身上習得的賺錢經驗與知識。

爲求方便，書中稱成功人士爲富者，稱貧困的人爲貧者，但並不代表富者恆對，貧者恆錯，也不是意圖吹捧富者，貶低貧者，只是爲了方便理解，才如此區分，希望不會造成讀者的誤會。

書中提到許多出乎常理的內容，所以，如果不想變成光有華麗外表的假富者，而是想成爲內在充實的眞富者，請不要看完就丟。期盼各位能將它放在身邊，多讀幾遍，以體現書中富者的態度。

CHAPTER 1

富者的定義

富者一點也不特別

「不要期待非凡的機會。
抓住平凡的機會，將它變得非凡吧。
弱者等待機會，強者創造機會。」

——奧里森．斯威特．馬登 Orison Swett Marden
（作家兼企業家）

不是有錢就能稱爲富者

所謂的富者，字典裡只解釋爲「財產很多的人」。如此說來，只要有很多錢，就能稱得上富者嗎？

眞要說的話，富者這個詞傳達的意思很少，基準也很模糊。畢竟身在資本主義社會中，想要以數字評斷多寡，多少有點模稜兩可，十億算多嗎？一百億算多嗎？還是要上兆？

由此可見，想以絕對數值衡量富者，幾乎是不可能。

這樣說來，我們無法定義富者囉？

我從小就很好奇這件事。很多人想當富者，可是，怎樣才算富者？

我透過各種經歷，見過許多有錢人。有些人儘管很有錢，卻似乎毫無閒暇，或是因爲錢的問題，導致家庭失和，完全沒有富者的樣子。這種人僅僅是有錢而已，根本稱不上富者。

舉例來說，過去有個家財萬貫的老人，擁有許多房子、土地、現金，可說是非常有錢。打從年輕時，他便不假他人之手，賺進許多財富。然而，老人不懂得如何花錢。他沒有明確的目標，只知道不斷存錢，連在子女身上也捨不得花錢。他一輩子都沒好好休息過，只是拚命地存錢。

在他逝世後，子女、親戚開始眼饞他的財富，甚至放棄《繼承法》的公平分配，不惜與自家人打官司，只求拿到更多遺產。子女們各自主張自己在老人死前撫養他，有權得到更多；吵著自己是老大，本該繼承更多；或是宣稱自己最窮，理應分得更多。

即便老人留下遺書，子女們仍透過遺囑無效的訴訟，展開熾熱的鬥爭。由於這場訴訟，子女之間成了不共戴天的仇人。

老人這一生雖然取得莫大的財富，卻不曾在生前好好享受，死後全家更因爲這筆錢反目成仇，這樣眞能稱爲富者嗎？

我並非在貶低這位老人。只是想請大家仔細思考，將他稱爲富者是否恰當。

定義富者的三大條件

雖然開始經商是個偶然，但我其實很想成爲富者。我一直對這個身分充滿憧憬，與形形色色的人接觸，努力在當中尋找眞正的富者。

有了做生意和開公司的經驗後，我發現，光憑有錢，似乎還是不夠資格與富者相提並論。

例如，雖然擁有財富，眞正使用那筆錢的卻不是本人，而是家人。你可以說自己是爲了家人賺錢，可是，賺錢的當事人若不能好好花錢，似乎談不上盡善盡美。

再者，如果不是以賺錢者的名義花錢，而是家人的話，這筆錢通常很難存續。唯有賺錢者先使用這筆錢，才能完全發揮其價値。

舉個例子來說，A負責賺錢，家人B負責花錢。在不懂金錢的寶貴與價値的情況下，B必定會奢侈度日，畢竟沒有比花別人的錢更容易、更無所畏懼的事了。到最後，B很有可能會花光A賺來的錢，一起變得貧困落魄。

應該有人會納悶，既然我這麼說，爲什麼一般的家庭不會如此？他們不也是一家之主賺錢，全家花錢嗎？那是因爲他們的錢不足以體現奢侈，賺來的錢光是支應生活費就已經非常吃緊，老是不夠用了，怎麼有機會因爲錢而落魄。

活到這把年紀，我想爲富者下個定義。因爲我看過的無數有錢人當中，有太多讓人無法理解或令人質疑是否眞的是富者。

假如一個人很有錢，卻沒有時間花，或是成天處在高壓環境、凡事緊張兮兮，那種德性實在與富者二字所蘊含的從容相去甚遠。

做生意和開公司期間，我讀了許多有關富者的書，也做了很多功課，不斷斟酌富者的定義。現在，我終於得出了我的結論。

所謂的富者，應該具備以下三個條件：

第一，時間自由。

既然提到了自由這個詞，我就先說明一下，讓大家更好理解。

據說人類的大腦會基於求生本能追尋自由。可是，這個世界沒有百分之百的自

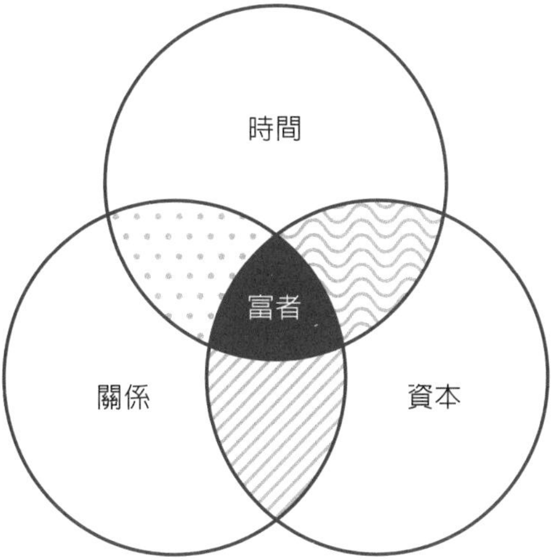

富者的三大條件

由。有鑑於百分之百的自由可能造成混亂，所以即便是自由民主主義，仍會以法律統治社會，維繫秩序。

同理可證，我說的自由也不是百分之百的自由。非要用數值表示的話，可以解釋爲過半的自由。比方說，一天二十四小時當中，可自由運用的時間超過一半，也就是十二小時以上，便可說是擁有時間自由。

如果沒有時間自由，就算再有錢，也不能稱爲富者。因爲你沒有時間花那些錢。這是所謂的專業領域人士很常見的特質。

例如，醫生的所得除了基本薪

資，還有各種津貼與補助。由於基本薪資並不高，他們會盡力提高其他津貼。爲此，他們必須在別人玩樂的時候繼續工作。再加上職位愈高，組織要求的標準（各種研究績效、論文等）也愈高，他們不得不一一滿足要求。許多醫生即使賺了很多錢，也沒時間花，甚或沒時間回家。

不能花多少賺多少嗎？從眾多的例子來看，想做到這點並不容易。假設家裡出了個醫生，無論父母、兄弟姊妹、配偶、配偶的家人、小孩等等，都會對他抱有很大的期待。因爲掛著醫生的頭銜，家裡只要出了什麼事，他就得扛下責任。

「這次你弟弟結婚，身爲醫生，幫他付一下房子的全稅*吧。」

「哥，借我一點錢周轉吧。要是沒有這筆錢，我的公司會倒閉的。」

「哥，幫我出點頭期款吧。」

「你是我們家的希望。」

想要無情地拒絕這些要求並不容易。如此一來，支出自然大增，只能做更多工作來填補這些支出。

換言之，賺錢的人其實沒有時間花錢。

賺錢的人不能花錢，只是因爲有錢就被稱爲富者，各位不覺得哪裡奇怪嗎？

第二，資本自由（財富自由）。

討論資本自由之前，不妨先看一下生活開銷吧。生活開銷大致可分爲兩種：

其一是必要支出。必要支出指的是維持生計的消費，包含食衣住行、水電瓦斯、醫療等相關費用。

另一種是想要支出。想要支出是必要支出以外的其他消費，興趣、休閒活動等提高生活品質的費用皆屬於此類。

所謂的資本自由，是在沒有勞動所得的情況下，仍有餘裕維持這兩種支出。

如果需要以勞動所得維持生計，視同沒有資本自由。

金錢的確不是萬能。可是，倘若你能夠不花時間勞動，就買下該買的東西、做想做的事，表示你已經擁有資本自由。

---

*韓國的租屋方式之一，入住前先繳交大筆保證金，之後不需再付租金。

第三，關係自由。

做人難免有些非自願的人際關係。舉例來說，血緣關係可說是毫無選擇、誰都無法砍斷的關係。排除這種必然的關係，其他各種可見或不可見關係的自由程度，便是判斷你是否握有關係自由的標準。

假如一個人的必要支出和想要支出等各種開銷不虞匱乏，也有充足的時間，卻無法擺脫工作這層關係，就是缺乏關係自由。這種情形多半發生在為了生存，不能離開工作崗位，擁有高額年薪的高階主管身上。

理所當然，這三種條件或多或少存在交集，像是沒有關係自由的人，往往也沒有時間自由。

在某種程度上，能自由掌控這三種條件的人才是富者。

以無業遊民為例，無業遊民可謂擁有高度的時間自由與關係自由，既沒有工作的束縛，時間也很多，但他們沒有資本自由，所以不能稱為富者。

請記得，後續範例中登場的富者皆是符合定義（擁有時間、資本、關係自由）的人，這將有助各位理解本書的內容。

CHAPTER 2

基本態度

富者不是天生的

「就算看起來毫無希望，我依然傾盡全力。
我從不放棄努力。
我不曾認爲自己沒有機會獲勝。」

——阿諾．帕瑪Arnold Palmer
（美國職業高爾夫選手）

人情債總有一天要還

我做生意時，業界有位以高營收、高獲利聞名的富者，要是無法向他供貨，所有廠商都會心焦如焚。廠商甚至不惜以低於成本的價格供應部分商品，只爲了能與他做生意。之所以如此，是因爲那位富者的生意規模大到就算廠商吃點小虧，長期下來仍能獲利。

假如看過放在他辦公室裡的廠商供貨價格表，絕對會因爲價錢太過低廉而目瞪口呆。與那位富者相比，我收到的報價幾乎等同零售的價格。

在流通業界，供貨價格的差距意味著獲利多寡。因此，光從供貨價格表來看，便能猜出他的生意規模有多大。

那位富者有個有趣的習慣，就是絕對不欠人情債。

比方說，富者販售的某個商品缺貨，來找我調貨。在流通業界，短期缺貨時，經常會先向熟識的同行調貨，等到補貨後再返還。那位富者每次還貨時，必定還會請客。在我看來，還貨已是盡了道義，他卻一定要請客。

除此之外，我們時常分享各種消息，每當他從我這邊得到什麼消息時，便會請我吃飯或喝酒，以及提供我價值相當的其他消息。

儘管我和那位富者交情深厚，覺得這種做法實在太見外，告訴他不必做到這樣，他依舊堅持還清人情。

我在其他富者身上，也總是能看到這種想盡辦法不欠人情債的習慣。

我帶著好奇，花了很多時間仔細分析這種態度。

爲什麼富者不欠人情債呢？

原因在於，人情債會帶來更多的人情債。像這樣不斷積欠人情債，將會變成依賴。**依賴就絕對成不了富者**。

反之，貧者若得到幫助，則會要求其他幫助，宛如乞討一般。乞討聽起來可能有點難堪，不過這是事實。

富者經常是付出者，貧者則是收獲者。

或者該這麼說，富者並非搶走別人的東西後才成爲富者。這是徹底錯誤的觀念。在威權時期說不定還有可能，然而，在現代民主社會中，這是不可能的事。

現實中，我們很常看見富者幫助別人，卻鮮少看到他們搶奪他人的財物。

以常理來看，人之所以搶奪他人的東西，是因爲自己的不夠用。不虞匱乏的人何必搶奪他人的東西？俗語說的「倉廩實而知禮節」，正是這個道理。

前面的例子提到，廠商無法交貨給富者時，每每焦急萬分，這也是因爲富者支付貨款爽快，不會提一些不合理的要求，該付多少就付多少。

假如是眞富者，搶先付出，遠比搶奪常見。原因就在於，他們打從一開始就不願欠下人情債。要是不小心欠了人情，也一定會想辦法償還。

既然如此，怎麼有人說富者會搶走別人的東西呢？

這其實是懶惰的貧者替自己編織的藉口（錯誤框架），進而演變成一種社會傳統觀念。就像他們把自己懶惰歸咎於他人那樣，他們相信富者是因爲恣意掠奪才富有。我不曾看過抱持這種信念的人成爲富者。

爲什麼呢？這與學生時期想在自己討厭的老師教導的科目拿到一百分，有如摘星般困難是同樣的道理。

「你功課那麼好，是因爲家裡有錢讓你去補習。」

你見過找這種藉口的學生得到好成績嗎？會這麼說的學生，根本不關心功課好的學生花了多少努力，有什麼讀書要領。只會用那顆顧著玩的腦袋，想著如何貶低他人的努力，想辦法合理化自己的懶惰。

務必記得，無論是學生時期很會讀書的學生，還是富者，都是靠自己的努力收穫成果。在你貶低他們的瞬間，你將無法從他們身上學到任何東西。當你討厭某個老師的瞬間，形同放棄那個科目。

不要依賴別人，欠下人情債。

依賴心將使你變得被動、脆弱，只要沒有他人的幫助，便什麼都做不到。

當你想要拜託別人的時候，改變一下做法，先找找能自行解決的辦法吧。仔細思考的話，終究會有辦法的。

務必遵守原則

有位年老的富者，他總有自己的原則，並且確實遵守。

我來舉一些例子：

「我提早回家的那天，絕對不喝酒。」

「我絕對不收回扣，如果要提供優惠的話，請一開始就降價。」

「我絕對不接受商務招待。」

「貸款（賒帳交易）最多一星期，付款一定要用現金。」

「獨家代理業務不接受抵押。若要抵押，就不簽約。」

他每次說話，都令旁人感覺他的一切行爲皆有準則。

像是用餐一定要在規範的時間內吃固定的量，抑或洗澡必須在三分鐘內完成等等，似乎想用自己的準則掌控整個人生。

我對這樣的態度感到興致盎然，後來才知道科學已證實，**懂得建立原則並確實遵守的人，取得成功的機率更高**。

爲什麼呢？

想知道這個問題的答案，必須先了解何謂壓力。

壓力主要來自於未完成的工作帶來的壓迫感。換句話說，該做的事沒做完時，產生的心理負擔就是壓力。

以腦科學的觀點來看，建立原則可以提高實踐力，大幅減輕壓力。這是因爲，該做的事變得很明確。

打個比方，你在做生意的時候，有人想要招待你吃飯。

此時，你必須好好考慮：

「我應該接受招待嗎？如果接受招待，就會欠下人情。萬一下次簽約時，對方提出對我方不利的條件，會不會很難回絕？但如果不接受招待，以後會不會被排擠？到底該怎麼做？」

假如你有原則或標準，照做便是。假如沒有的話，這時就要做出決定，承受選擇的壓力。如果選擇接受招待，不接受招待便會變成一件未竟之事；如果選擇不接受招待，接受招待便會變成一件未竟之事。

當每件事都成為未竟之事，形成各種小壓力時，它們將像害蟲一樣，日益侵蝕你的專注力。因此，在沒有原則，持續承受壓力的情況下，將很難取得成功。

這麼說來，成功的人，也就是富者，和其他人有哪些不同的地方呢？

富者們的共通點就是都很有活力，面對小事也不例外。由於他們有原則和標準，所以選擇和未竟之事對他們造成的壓力並不大，也因此得以展現出高度專注、充滿活力的樣子。

以學習爲例：

「要是有比這本參考書更好的選擇，該怎麼辦？」

「要是老師教的內容不在考題範圍，該怎麼辦？」

「別人都在補習，只有我沒去，該怎麼辦？」

抱持著擔憂與壓力，一點一滴蠶食你的專注力，這樣還能充滿活力地學習嗎？

不用問也知道。

建立原則，就能減輕未竟之事帶來的擔憂與壓力。像是「專注在一本參考書」「先學好老師教的內容」「沒有補習就每天多讀一小時書」等規範，將有助於擺脫之後的擔憂與壓力。

既然如此，富者都是怎麼建立原則的呢？

根據我的觀察，他們建立原則的時候，果不其然也有原則。（富者總是展現出不斷追求進步的面貌！）

首先，**不在最初建立太大的原則**。

例如，一開始不會訂立「一天做一次運動」「一個月瘦十公斤」「一年存一千萬韓元*」諸如此類的大目標。

他們最初建立的原則往往小得不足掛齒。

比如「一週做一次運動」「一年瘦一公斤」「五年存一千萬韓元」等等。

*韓元兌台幣約一：〇．〇二三，一千萬韓元約二十三萬台幣。

不要小看這種小原則，它們可是有強大的潛力。

「一週做一次運動」，任誰都可以輕鬆實踐，因此相對沒有壓力。這樣一來，自然能夠達成目標。

人類的大腦習慣有始有終，若動手做一件事了，就會想盡辦法完成它，創下的成果通常遠遠大於最初建立的原則。

再來是第二個原則：**強化原則**。

倘若做到了第一個原則，接下來就該遵守第二個原則。「一週做一次運動」變得容易後，要加強難度，改成五天做一次運動，然後漸次縮短成三天、兩天。

不過，也有一些原則並不需要強化。前述範例提及的「不接受招待」便是一例，因爲這種原則是透過經驗累積而來。

總而言之，有的原則是藉由實踐來強化，有的則是透過經驗去累積。

富者的共通點就在於，他們擁有各種專屬原則。

歸根究柢，如果想實現什麼，從中獲得回報，必然要先實踐。能夠協助你實踐的，正是你自己的原則。

培養同理心

我從眾多富者身上看見的共同特徵之一，便是高度的同理心。我甚至可以斷言，沒有一個富者缺乏同理心。

只要了解賺錢的原理，就可以知道這是爲什麼。賺錢不能光憑一己之力，畢竟賺錢是得到他人錢財的行爲。因此，富者很早就知道要提升同理心，學會換位思考，懂得恰到好處地提供他人需要的服務或物品，從中得到錢財，也就是賺錢。

做生意也一樣。沒有同理心的人販賣的是自己喜歡的物品，提供的也是自己喜歡的服務。比如賣衣服的商人自己只穿暗色系的衣服，便只賣暗色系的衣服。賣泡麵的商人覺得加生雞蛋的泡麵比較香，便毫不顧慮客人的喜好，自行在每碗泡麵裡加入生雞蛋。

不顧消費者的喜好，賣著自己喜歡的東西，期望因此獲得利潤，這種方式不可能使生意變好。

生意不好，他們又會怪客人：「眞不會穿衣服。」「懂不懂泡麵怎麼吃啊。」「客人都很自私，只在乎自己。」

一味地責怪他人，而不提升自己的同理心。

無論是職場生活，或是做生意、開公司、投資等等，最重要的條件就是同理心。

很多人認爲，職場中只要工作能力好，就一定能升遷。大錯特錯！

雖然隨著組織規模大小，晉升方式稍有不同，但最終升遷的多半是具備高同理心的人。

升遷的爲什麼是具備高同理心的人呢？

職場中，假如你是一個只擅長工作的人，在這個到處都是高級人力的世界，要找到取代你的人，再容易不過。假如你在目前的職務上是不可或缺的人才，反倒不會讓你升遷。舉例來說，會計部有個非常精通算帳的A職員，會計工作缺他不可，若是提拔他，將會少掉一個有用的人力，對公司也不利。

那要是公司來了一個更精通算帳的員工，會發生什麼事呢？他們會提拔A，讓新進員工補上A的位子嗎？

不會。他們會裁掉A，讓新進員工補上A的位子。

爲什麼呢？

一直以來，A只做過算帳的工作，自然不擅長其他部門的業務。作爲追求利益的組織，公司做出這種選擇也是情有可原。

這樣說的話，升遷的會是誰？

假設你今天是高層，你會升遷怎樣的人到自己身邊呢？

目前有兩個人選。其一是工作能力相當好，但無法同理你的處境，老是持反對意見，礙手礙腳的人。

其二是不太會做事，但比誰都了解你、支持你的人。

你會讓誰升遷呢？

當然是後者。（回答前者的人不過是私心期盼公司這麼做，現實中絕對不會發生這種事。）

所有的組織都一樣。**一個人會不會工作並沒有這麼重要，反正公司不是只有一個人在工作。因此，升遷的多半不是工作能力好的人才，而是對主管有高度同理心的人。**

做生意、開公司、投資大同小異。比起自己偏愛在泡麵裡加生雞蛋，便無視客人的喜好，強迫別人配合自己的自私者，懂得秉持同理心，詢問客人雞蛋熟度的商人更有機會賺到錢。

投資領域亦然。相較於收購自己偏愛的標的，收購他人喜愛的標的，獲利機率更高。

既然如此，富者們都是如何培養同理心的呢？

萬幸的是，同理心不是先天的能力。每個富者培養同理心的方法都不一樣。

如果細心觀察，你會發現，他們凡事將心比心，努力做到不偏頗任何一方。

他們會閱讀很多小說，喜歡看電視劇或電影等。

換言之，富者一直在訓練自己轉換立場，不光以自己的視角看待事情。

雖說是訓練，也不是太了不起的事，只要在日常生活中多加思考就能做到。用電影打個比方吧。平常看電影時，不光是體會主角的感受，還要訓練自己理解配角、其他小角色、燈光師、攝影師、編劇、導演等電影製作團隊人員的觀點，和他們產生共鳴。

「假如我是燈光師，應該如何呈現那個場面，讓人物更鮮明呢？」

「假如我是導演，要如何拍那個場面？」

「因爲主角的關係，那個配角作何感想？」

站在他人的立場，以不同的角度思考，盡力理解別人。

只需稍加留意，便不難在生活中實踐這點。

套用在職場上，可以試著跳脫領薪者的立場，改從發薪者的角度去思考。若是下屬，則要努力理解主管。

或許你會有這樣的疑問：

「難道發薪者不該理解領薪者，主管不該理解下屬嗎？」

這是兩碼子的事。

發薪水的人很可能有過領薪水的經驗，主管絕大多數都曾經身為下屬。意即上對下的同理心是透過經驗自然得來的，與下對上必須換位思考、努力產生共鳴的狀況截然不同。

持續進行這種訓練，你便能領會職場、做生意、開公司、投資等領域的各種觀點，提高賺錢的同理心，把別人的錢放進自己的口袋。

同理心正是每個富者必備的態度。

傾聽十句，提問一句

傾聽是大部分富者具備的態度。

一般情況下，富者都很善於傾聽，但並非針對每件事。有些事聽得太多，有些事聽得太少。也就是說，他們不是每件事都善於傾聽。

開公司的時候，我認識一位富者，方便起見，就叫他A先生吧。A先生開了一家高銷售、高獲利且相當穩定的公司。儘管看起來萬事順利，他仍然努力學習各種事物。

A先生的公司在實體通路獲得巨大的成長。我多虧了過往的經驗，特別精通線上廣告領域，因此，A先生經常趁我有空的時候，特別跑來找我學習線上廣告的相關知識。不過，他不僅是學習自己想學的東西，還會請我吃飯，聽我聊其他事情。他傾聽的模樣非常真摯熱情，讓我印象深刻。

A先生其實不是寡言的人。當他比我熟悉談話的主題時，只要話匣子一打開，就很難停下來。無論公事私事，無一不談。從庫存管理、員工教育、客戶應對、通路管理等工作上的事，到個人嗜好、娛樂、最近學了什麼等私事，A先生一肚子的墨水。聊起天來，宛如看仙人下棋，絲毫沒有意識到時間的流逝。

但說到他不懂的事或想學的事時，A先生絕對一聲不吭，不僅不打斷我，也不反駁內容，無條件聽我把話說完。

A先生聽我說十句話，才開口說一句，而且還是發問。平時這麼多話的人竟能在面對自己不懂或想要學習的領域時，如此愼重地傾聽，令我感到很新奇。

在此之後，每當我碰到富者時，都會特別留意他們傾聽的模樣。大部分的富者都秉持著不斷學習的態度，彷彿想學會所有事情。

因為富者不是萬能，除了專精於主要涉獵的領域，在其他領域，就和普通新手沒有兩樣。

舉例來說，熟悉流通業的富者，在線上廣告或技術層面的知識就相對不足。

多數富者想要學習時，都會極度寡言，專心聆聽。傾聽十句，開口一句，甚至只是發問。

這種態度很重要。倘若別人正在指導你某件事，你卻插話、分心、反駁或提出異議，根本無法累積該領域的專業知識。

打個簡單的比方，學生和老師學習數學，卻老是問：「不是有這個更好的公式嗎？」「有更簡單的解法吧？」這樣老師會想教他更多東西嗎？

如果眞的想學一件事，就傾聽十句，開口一句吧。眞要開口，也要是提問。

比起親身經歷，間接經驗更能輕鬆累積知識。那些知識將會成爲寶貴的資源，協助你成功賺錢。

不要連不懂的領域也自吹自擂，那將使你難以獲得眞正需要的經驗與知識。

「我喜歡傾聽。我透過專注傾聽，學會很多事情，但大多數的人都不聽別人說話。」

——厄尼斯特．海明威 Ernest Hemingway（小說家）

讀書以求生存

接著要說的這位富者，爲求方便，就叫他A先生吧。有段期間，我們共同經手一項專案，所以我時常到他的辦公室討論事情。

每當我去找他時，他總是在讀書。我拜訪的時間點並不是業務繁忙的時刻。由於我們無法在上班時間騰出共同的空檔，所以都約在下班後或休假日開會。

一般人工作結束後，都會做點其他事情，比如找些興趣嗜好，或是偶爾上網殺時間、聽音樂等，做些與工作無關的事。可是，A先生工作時間以外的時間都在讀書。

富者把讀書當成習慣時有所見，他們即使再忙也會讀書。

看著看著，我也開始對此感到好奇。

爲什麼成功的富者都把讀書當成習慣呢？

首要目的是，**為求生存，必須拓展思考幅員。讀書可以拓展思維、增進思考能力、加強認知彈性。這種思考幅員將成為你的能量，讓你比別人更快找到資本社會中的生存發展之道。**

大家只會嚷嚷著想成功要多讀書，卻說不出箇中原因與具體方法。

富者就連讀書也有獨到的原因和方法。

首先，書籍能幫助自己描繪出想要學習領域的整體輪廓，是非常好用的工具。

舉例來說，你今天想開一家咖啡店，再怎麼絞盡腦汁，恐怕也很難以一己之力掌握整體流程。該怎麼裝潢、需要什麼材料、如何取得咖啡店開業執照和許可證、怎麼叫貨等等，說不定你連需要什麼都不知道。

但如果你讀過咖啡店創業的相關書籍，就能學到原本不會的東西，決定未來的方向。決定方向後，速度就不成問題。

儘管我們無法單憑讀書學到一切，卻可以掌握思考方向，獲得拓展思考幅員的機會。

透過讀書這個指標，邁向正確的方向，不偏離路徑或半途而廢，在過程中領會更好的方法。只不過，能否以這個方法習得有競爭力的訣竅，仍取決於自己。

這麼說的話，我們該怎麼讀書呢？

讀書沒有特別的方法，但可以建立幾個原則：

第一，不用硬讀完難讀的書。

如果難以閱讀，就不能算是一本好書。世上所有知識無一不能簡單說明，要是解釋得很難懂，代表作者自己沒有深入理解。

舉例來說，假設現在要你解釋完全不熟悉的領域，比如汽車構造。如果你不懂的話，勢必無法好好說明，因爲你根本不知道從何說起、該說什麼、需要的又是什麼，只能抽象地說些籠統的理論。用如此淺薄的知識解釋一件事，聽話者自然難以理解你所說的內容。

書也一樣，若是擁有專業知識的作家，絕對不會寫出艱澀的文章。因此，難以閱讀的書沒有繼續讀下去的必要，拋下翻開一本書就要讀到底的包袱吧。那樣的包袱只會成爲閱讀必要書籍的絆腳石。

對自己來說太過困難的書亦然，最好先試著讀完自己能讀懂的書籍。

第二，反覆閱讀喜歡的書。

根據我的個人經驗，讀過一百本書後，需要再三閱讀的好書不超過一至兩本。意外的是，眞正的好書不常躋身暢銷榜。好書多讀幾遍，確實對我們有幫助。

例如，在某個領域擁有實務經驗並取得成功的人所寫的書，値得我們帶在身邊不時翻閱。再者，這種書不能只看一次，隨著經驗累積，我們能獲得的知識將日益增多，所以要反覆閱讀，直到書幾乎快翻爛了爲止。

假設有一本咖啡店老闆創業成功後撰寫的書，書的內容多半不會是空泛的理論，而會以實務爲主。除了開業執照、許可證等設立階段的行政流程，還會告訴你如何與客人應對、管理庫存、執行員工教育，以及稅金種類有哪些、該怎麼處理等詳細實務經驗。

這樣的書很難只讀一次便完全消化。把書就近放在身邊，在經營店鋪的時候隨時翻看，從中得到更深的體會。像是某天需要申報咖啡店稅務時，即可清楚知道稅金種類有哪些、該怎麼處理。「碰到才知道」，必要時，學到的會更多。

第三，不要因為忘記前半段的內容，就重新閱讀。

有時候，我們會因爲忘了書本前半段的詳細內容，重新再看一次。假設你正在看一本經營咖啡店的書籍，讀到庫存管理的內容時，突然想不起前面提過的開業執照申請流程，大可不必重新閱讀。就算想不起具體內容，只要大略記得前面是開業執照申請流程就夠了。

重點是先看完整本書。唯有如此，你才能掌握想要學習事物的整體輪廓。

透過書籍學習一個新領域時，首重描繪出森林，要種哪種樹是以後的事。關鍵在於方向，速度不成問題。

找出正確的方向，縱使前進速度略有不同，只要堅持到底，仍可抵達終點。

學會觀察整片森林，即便無法記起裡面有什麼樹，想要維繫森林也非難事。同理，學習一個新領域時，只要先理解整體脈絡，細節可待正式作業時再學，或者透過實務上手。

讀書的首要之務是提升觀察森林的眼界。

若能按照前述的規則，事先了解讀書的原因與方法，再開始閱讀，將會對各位有所助益。

持之以恆

富者當中，沒有無法持之以恆的人。

有些人或許會說恆心是一種天性，不過以我的經驗來看，它更偏向後天養成的性格。

宣稱恆心與生俱來的人，只是爲了讓自己好受，才把它想成得不到的東西，合理化自己的懶散。但富者們卻在生活中不斷修練自己，培養恆心。

想必你會爲此感到驚訝，懷疑恆心是否眞的能夠像背誦九九乘法表那樣，透過練習養成。

直接說結論的話，絕對有可能。

既然這樣，富者都是如何培養恆心的呢？

首先，讓我們用讀書打個簡單的比方。功課好的學生不會勉強自己讀書，不貪圖更多的教科書和參考書，也不會把時間完全投入在補習、家教等絕對會增加功課量的讀書方式。唯一的堅持是，每天完成自己做得到的功課量。

這種小習慣是培養恆心的好方法。

反之，功課不好的學生相當貪心。他們從一開始就過度增加功課量，貪圖更好的教科書和參考書，彷彿急著找到簡單快速的捷徑。不知滿足，認爲其他的書一定更好，現有的書也不認眞看完，就買了新的參考書。渴望別人可以幫自己讀書，期盼別人拉自己一把，既請家教又上補習班，相信自己的功課可以交由他人幫忙完成。這種習慣只會削弱恆心。

看到這裡，或許有人會反問：

「難道功課好的學生不是天生就有恆心，才能做到持之以恆嗎？」

並非如此。

二〇一五年五月十八日，科學期刊《自然遺傳學》（*Nature Genetics*）刊登了一份研究資料，內容是一九五八年至二〇一二年期間，從兩千七百四十八對雙胞胎身上求得的一萬七千多種特質相關分析。結果顯示，身高等生理條件雖是先天特質，智力與性格等心理條件卻不是百分之百如此。換句話說，對於恆心、毅力等心理條件來說，後天培養更重要。

這其實是我日常接觸各式各樣的人以後的親身感受。正如同父母有規律的習慣，不代表子女也有，先天特質同樣不能決定行爲習慣。

後天的修練可以造就恆心。

修練的方式並不特別。舉例來說，假如你正在服用維他命，試著堅持一個月吧。多數的人無法在這一個月內堅持每天服用，特別是年紀輕，或是經驗知識不足的人。畢竟恆心的養成需要倚靠年紀、經驗知識的累積。

如果做不到的話，你可以試著把每天的例行公事當成啓動開關，想辦法堅持一個月。比如你習慣每天早上起床後先喝一杯水，就可以要求自己在當下順便服用維他命。

從小事著手，養成持之以恆的態度後，自然能逐漸實現大目標。

堅持三十天內每天服用維他命，五十天內每天閱讀十分鐘，一百天內每天背誦專業術語十分鐘，諸如此類。

不過，一旦你做出決定，就算期間感覺不太妥當，也不能半途而廢，必須堅持到底。唯有堅持到底，才能以客觀的角度判斷這是不是錯誤的經驗知識。人生漫漫，這不算是浪費時間。哪怕中途覺得這個決定不妥，能夠堅持到最後，也是萬分值得。

人類對於行動的正當性總在肯定與懷疑之間游移不決，如同大腦有著相反立場的左腦和右腦一樣。

跑馬拉松的時候也一樣。爲什麼有人會想跑完這麼辛苦的長程賽呢？原因在於，堅持到底的人可以感受到特有的自信和成就感。可是，每當腳上起水泡或呼吸困難的時候，大腦就會慫恿自己放棄。

大腦渴望自信和成就感，卻老是在過程中煽動自己投降。

養成小事也持之以恆的習慣吧。

生活中的微小習慣可以幫助你培養恆心，那股恆心會協助你堅持到底，直到抵達名為成功的目的地。

恆心與毅力之於富者，是非常重要的品德。

不被無謂的良心左右

這句話容易引起誤會，希望讀者們認眞聽下去。

首先，良心指的是什麼？

字典上的釋義是「判斷自身行爲是非善惡的道德意識」。這句話說的「是非」又是什麼呢？

一般而言，「非」由法律界定。法律規範盜竊、暴行、詐欺等不正確的行爲，以社會制度裁罰。

接下來的問題聽起來可能有點哲學：正確的行爲是什麼？

替別人做的事？幫助別人的行爲？

像是提供食物給飢餓的人？

讓我舉個例子吧。你爲了幫助一個飢餓的可憐人，給了他一筆錢，但那個可憐人卻用這筆錢買酒喝，然後對無辜的路人施暴。

你做的事是正確的嗎？你不過是給飢餓的可憐人一筆錢吃飯，結果與你無關嗎？動機不能用來粉飾結果。要是這麼說的話，公司為了增加資金，一味進行投資，落得失利、破產，員工流落街頭，也算是正確的行為了。

動機良善，不代表結果就是好的。換言之，有良心的行為不一定會帶來好的結果。活得善良的人，都得到福報了嗎？

未遭他人利用已是萬幸。

貧者推崇善良。說自己因為天眞善良，被人利用與拋棄，所以才會貧窮。好像在說如果自己不天眞善良的話，就能成為有錢人一樣。這是很矛盾的說法，同時是一種自我合理化。平心而論，就是以動機粉飾結果的藉口。

假設你是賣衣服的小販，一直以來都是以六千韓元的單價向中盤批發服飾，有天，單價卻突然漲到八千韓元。如果你以八千韓元買進，售價便不得不高於其他同業競爭者，這麼一來，營業額勢必下滑。因此，你決定要求中盤維持原價，不然就要改和其他人做生意。

可是，中盤這麼對你說：

「做生意也講求商業道德。這麼多年來，我們都是便宜賣你，這次只是配合市場價格調漲，你怎麼能說換就換？做生意要憑良心吧？」

滿口道德良心的人爲了自身利益，要求他人的犧牲。而被要求犧牲的人，如果爲了守住良心而選擇犧牲自己，就絕對無法成功。

圍棋世界中，有這麼一句話：「我生然後殺他。」意思是自己要先生存下來，才能攻擊敵人。爲此，不能被他人所說的正義或良心動搖。

所謂的正義，就是對自己有利的事。拋棄守護別人強求的良心等同正義的想法吧。那種想法只會讓自己變成別人的犧牲品。

「今天你就是你，這比什麼都真實。沒有人可以代替你活著。」

——蘇斯博士 Dr. Seuss（作家）

承認謊言

從小到大，我們都被教育說謊是不好的行為，一定要向父母或師長說實話。就算說實話可能會傷害自己。

他們要求我們說實話的原因在於，這是管理最簡單的手段。知道眞相後，賞罰相對輕鬆，也更易於命令與服從。

然而，那些被要求服從命令、說實話，被教育這才是正義的小孩，甫入社會就失去競爭力。一開始就失去競爭力，如同玩遊戲的時候先讓分給對方，要是之後無法逆轉，將難以獲勝。

打個比方吧。A從小到大都被教育說謊是不對的。假設今天他因為利潤的問題，打算和供應商議價。

供應商如是說：

「產品的成本是十萬，再加上稅金等附加費用的話，我們至少要賣十三萬才不虧本。十三萬雖然比別人貴，但已經是我們可以提供最優惠的價格了。您若願意配合這個條件，我們下次一定會報答您的。」

供應商說的全是謊言，但A至今所學的都是人不應該說謊，並對此深信不疑。後來怎麼樣了呢？

相信供應商下次會報答自己的A，以十三萬的價格成交，因此必須賣得比其他商家更貴，失去了市場競爭力。

這種現象在做生意或開公司時很常見。有些人爲了私利，若無其事地說謊；有些人卻天眞地只說實話，就算賠錢也不說謊，因爲他們一直以來學到的都是說實話才是正義。因爲這樣，很多人在商場上失利、吃虧。

假如你不知道對方的虛實，對方卻知道你的實際情況，遊戲還玩得下去嗎？

成功的富者大多都在初期時便經歷了這種眞實的矛盾，全都背負著遭受背叛的經驗，宛如是種勝利的傷疤。

有些富者甚至這麼說：

「要是我以前學的是說謊不一定是壞事，就不會老是遭到合作者的背叛，在交易往來中跌跌撞撞了。」

富者們在邁向成功的過程中，因爲對謊言的錯誤認識，嘗到失敗的滋味。他們太過輕易說出眞相，招致他人或朋友的利用與背叛；也太過輕易相信謊言，導致吃虧與失敗。

縱然先前做得再好，實現了各種目標，對謊言錯誤的認識，也會將他們擊潰。在法律上，爲了保護自己、躲避罪責，毀滅證據或進行僞證的行爲也不構成犯罪。不要屈服於社會規範的價值觀，他人創造的眞相並非絕對正確。

這麼說並不是教大家每件事都要說謊。如果成天謊話連篇，你將失去所有信任你的人。

適當說些保護自己的謊言，也承認別人會爲了私利說謊的事實，別輕易相信他人。

收斂自己的鋒芒

富者們都喜歡購買名牌、奢侈生活，以及誇耀自己嗎？

在我年少輕狂，事業正值蒸蒸日上時，曾有一段鋪張炫耀的時期。那時我一帆風順，年紀輕輕就賺到大筆財富，逢人就賣弄自己多有錢，表現得不可一世。

我只買昂貴的衣服和車子，沉浸於所謂的上流社會中。可是，即使我過得奢侈，身邊卻少有富者，反倒聚集了一堆想要利用我財富的人。

最早接近我的是想要向我推銷商品的業務，然後是夢想獲得投資的失業者，以及想要白吃白喝的朋友或同儕。沒有一個眞正的富者。

期間，我透過工作認識了一位白手起家的眞富者。

他的外表就是一般常見的平凡面貌，隨身物品或車子都不是太貴的東西。但與他交談以後，我發現他是一個博學多聞、極富邏輯、很有教養的人。

他絕對不自吹自擂，也不喜歡賣弄，絕口不提私事，比如自己擅長什麼、賺多少錢、資金有多少、能力如何、住在哪裡等等。

十分罕見。

當時我身邊盡是炫耀自己的財力、名牌、跑車的人，沒有人和他一樣。因此，我開始對他感興趣，私下與他來往。

而後，我才知道他絕對不自吹自擂，也不喜歡賣弄的原因。原因簡單解釋如下。

分享喜悅，喜悅就會加倍；分享悲傷，悲傷則會減半。

這句話是錯的。

分享喜悅，只會引來猜忌與嫉妒；分享悲傷，則會遭受批判或抨擊。

試著在你賺大錢的時候分享快樂，或者在日子難過的時候向人抱怨吧。

假如你賺很多錢，想要分享這份喜悅，十個人中有八個人會嫉妒、批判你，或是完全不在意，剩下的兩個人則會利用你。

反之，如果因爲日子難過向人抱怨，十個人中有八個人會感到欣喜，另外兩個則把這件事當作你的弱點。

有些人說，向朋友傾訴悲傷，能夠從他們的安慰中得到很大的力量。

說得無情一點，那不是安慰，而是朋友的優越感。朋友經由你的悲傷故事，感受到自己的現況比你好的優越感，才會說那些你想聽的話，當作是報答。

這樣說太冷漠了嗎？

那我們實際測試一下吧。

當你事業失敗，欠下一大筆債時，告訴你的朋友吧！說你過得很辛苦。起先，朋友一定會安慰你。接下來，在每次碰到朋友的時候重複這些話，多數的朋友將會因此和你斷絕關係。然後，試著繼續向那些尚未斷絕關係的朋友訴苦，並和他們借錢吧！就連能夠借錢的朋友也會和你斷絕關係。

這代表什麼？他們其實並不理解你的悲傷，只不過是把你的事業失敗當成八卦、軼事，僅此而已。

你不用憎恨他們，畢竟人類本來就很自私。出於自私，相較於別人斷腿的痛楚，扎到自己手指的細刺更讓人難受。

喜悅也一樣。試著對朋友說自己中了樂透吧！他們若不是叫你分一杯羹，就是要你請客。（即便是一毛不拔的朋友也是！）

共存社會？

你知道有多少人被這句話欺騙，暴露自己的缺點，導致事業失敗嗎？

表現得毫無貪念，假裝相當替你開心，本來就是人的本性。然而，利用令人垂涎的喜悅與成功，也是人的本性。

再舉另一個實例吧。

有個生意做得不錯的商人，某天意外在交易過程中遭人詐欺。商人向身邊的好友說了這件事，想得到一些安慰。但你知道他的朋友如何利用這件事嗎？

他把這件事告訴商人的往來客戶，導致那些人不再和商人合作。遭人詐欺，不知道何時會倒閉的人，有誰想和他做生意？一不小心，說不定就沒辦法拿到貨款了。後來，由於太多客戶撤單，商人的公司因此倒閉。

亞洲金融危機時期，我曾賣過鯛魚燒。那時我以低價購買舊貨商不要的模具，稍事修理後，裝置在手推車上。接著在巷弄間找個好位置，買些飲料或小禮物送給附近的商家，事先詢問是否可以擺攤，徵求大家的諒解。

起初，商家都稱讚我，一個年輕人願意在這麼艱難的時期自食其力，眞是勤懇懂事。

可是等到我的鯛魚燒開始大賣，區公所派來了拆遷小組。拆遷小組說的話深深傷了年輕時期的我，他說：

「附近商家檢舉你的攤位，我們不得不要求你離開。檢舉的人不是只有一、兩位而已。」

無論你如何成功賺錢，舉凡做生意、開公司、投資，絕對不要告訴別人自己的喜悅或悲傷等個人資訊，也不要買名牌炫耀。

愈賣弄自己，只會帶來愈多的敵人。與其努力讓大家喜歡你，倒不如讓大家不討厭你，才能活得更自在。

不試鹹淡

富者的共同特徵是不試鹹淡，一旦做出決定，就會全力以赴。相反的，貧者很愛試鹹淡，原因在於他們的貪念與無知。

爲了便於理解，我就簡單說明吧。

有兩個學生，分別是A和B。A只讀一本參考書，而B不相信自己的參考書，另外買了各式各樣的書籍，甚至報名補習班。B就是在試鹹淡。他貪求每本參考書的優勢，無知地認定這種方式能使自己比別人輕鬆獲得高分。

但A和B的實際成績如何呢？

大家都經歷過學生時期，我想就不必多說，A的成績當然比較好。

B沒辦法深度學習，往往只看了參考書的前幾頁，便不再繼續翻下去。就算去補習班，也只是花更多時間交朋友，遑論專心課業，不認眞讀書的時間反而變得更多了。

有個賣海苔飯捲的商人，他試鹹淡的方式是除了飯捲以外，兼賣各式各樣的餐點。相較於思考如何賣出更多的飯捲，他把時間全花在苦惱還有什麼餐點能讓賺錢變得更簡單、快速。

「飯捲店這麼多，我的生意會不會做不起來？」

「飯捲收益不好的話，要不要再賣一些其他的餐點？」

腦海中充滿無謂的煩惱，進取的想法根本沒有插足的餘地。漸漸的，煩惱成爲現實，營業額下滑，出現赤字。

反之，不試鹹淡的人會怎麼做呢？

專注做飯捲。

不在意其他的餐點，抱持著一定要成功的決心，全心全意做飯捲。一早起來就想著飯捲，要睡覺前還想著飯捲。

「該怎麼讓飯捲更好吃？」

「要怎麼做，客人才會再度光顧？」

腦海中充滿進取的想法，煩惱根本沒有插足的餘地。秉持這種想法，飯捲店生意自然會變好，高朋滿座。

這點相當重要。

很多人只知試鹹淡，往往還沒品嘗到眞正的味道就放棄。

抱持投機的心態，勢必無法取得成功。

有家可歸的士兵和無家可歸的士兵打仗，誰會取得勝利？何需多言。**沒有什麼好失去的人是最可怕的對手。**

不管你要做什麼，事情再微不足道，都先拋開「是否會成功」的疑慮，好好專注去做吧！

即便只是微小的成功，也要拚命讓它屬於自己。

唯有經歷過小成功的人，才有實現大成功的資格。

試鹹淡的人，就像只挑雞尾酒杯上的櫻桃來吃，終將無法品嘗到雞尾酒眞正的滋味。

老是試鹹淡，絕對不會成爲富者。

不忘保持坦蕩

我在做生意時，認識了一位富者，方便起見，就叫他A先生吧。A先生的公司在流通業界長年受到好評，營業額穩定，競爭力也很高。在流通業界，競爭力高，代表販賣的商品具市場獨占性，也就是說，他有著別人難以搶走的飯碗。

他做生意多年，持續改善組織體系，公司制度齊全，不僅掌握收帳、行銷、經營、流通或庫存管理等訣竅，亦有一套完整的職務手冊。匯總這些手冊，加盟也不成問題。

基於深厚的交情，我一有時間就會私下和他碰面。

富者們總是錢包鼓鼓、自信滿滿，因爲他們知道怎麼賺錢，A先生自然不例外，他對每件事都充滿自信，從不氣餒。

某段時期，我陸續聽說一些有關他的壞消息。傳聞指出，A先生的部分客戶因爲經濟不景氣倒閉，他因此沒辦法收到貨款，而且不只一、兩家如此，同時間有多家公司一齊倒閉。由於損失龐大，甚至出現A先生這次也很難承受得住的傳言。

消息最終傳到了與A往來的銀行耳裡，牽扯出貸款償還問題，局面危急。（這種狀況一般都是同業競爭者惡意轉告銀行所致。）

期間，我還是時常和A先生碰面，他卻一如既往地冷靜沉著，看似更有自信，反倒是我在替他擔心。

這讓我感到很神奇。後來我才知道，A先生雖然很擔心，但他深知競爭對手若是發現這點，將會發動更強烈的攻勢，所以才裝作不以爲意。

有一天，我和A先生在他的店裡喝茶聊天時，來了兩位銀行職員。

「老闆，傳聞是眞的嗎？我們分行長吵著要您立即付清貸款，我們剛才已經先讓他冷靜下來了，不過還是必須向您確認一下傳聞的眞實性。您能照實說明現在究竟是什麼狀況嗎？」

如果是我碰到這種情況，肯定眼前一片漆黑。你想想看，因爲客戶倒閉，該收的錢都收不到的情況下，連銀行也吵著要你償還貸款，誰能不動搖？

銀行自然不會要求貸款人馬上付清所有貸款，只是爲了保險起見，表現出強勢的態度，有策略地要求增加擔保或先償還部分貸款。但無論如何，任何人在銀行要求立即還錢的情況下，都會感到十分焦慮。

然而，A先生泰然自若得讓人起雞皮疙瘩。

「啊，我本來有其他事想跑一趟銀行，沒想到你們會先過來呢。請稍等一下，我正在和重要的客人討論事情，結束後立刻去找你們。」

其實我們並不是在聊什麼重要話題，只不過像平常一樣互相開著無聊的玩笑。

過一會後，A先生徵得我的諒解，先去見了銀行職員。

雖然我沒有直接聽到A先生對銀行職員說些什麼，不過銀行職員聽完他的說法後，再度恭順致意，握手告別。

當我問及他們的談話內容，A先生說自己坦蕩地告訴他們，部分客戶的確面臨倒閉，但自己有方法收回欠款（這是謊言）。即便無法收回，還能以抵免稅額的方式挽回損失（這也是謊言）。不能收回的欠款也已經向主要客戶和外部人士先行融資，作爲替代方案（即興的謊言）。

試想一下，同時破產倒閉的客戶不只一家，損失的金錢不在少數。由於這些傳聞，其他客戶逐漸不再與之往來，就連銀行都來要求償還貸款，面對這種難關，無論是誰都會感到挫折、動搖。

可是，大部分的富者會設法解決，絕對不因此受挫，不管要花一小時還是一整天，都會盡力找出方法。思考愈久，方法愈明確。同時，他們會隱瞞自己的擔憂與煩惱。因爲一旦顯露出來，將會引發諸多問題。

不輕易受挫。挫折等同放棄。新手就算受到一點小挫折，也會輕易動搖，選擇放棄。但富者會在別人受挫、擔憂的期間，尋找解決的方法。

想了十個小時，卻仍然一籌莫展？

那就想十一個小時吧。

一定會想到解決辦法的。富者對此深信不疑，因而取得成功。

A先生後來怎麼樣了呢？

在最近這種困難的大環境中，他依然生意興隆。

有架構地學習知識

成爲富者的知識學習過程，大致可分爲三個階段：

第一，知識蒐集階段。

這是廣泛蒐集知識的階段，可謂學生與社會新鮮人累積背景知識的階段，屬於最基本且重要的階段。

在過去高速成長期，因爲供不應求，賣什麼都能賺錢。再加上稅金徵收體制不全，就算缺乏相關知識，也懂得利用不納稅的方式存下大筆資金，擺地攤就能賺大錢。正如所謂的錢淹腳目，機會多不勝數。當時只要把賺來的錢炒作幾次不動產，便能成爲富翁。甚至連不動產交易也有各種避稅方法。

然而，社會體制逐步透明化，以信用卡消費就能確實掌握營業額，稅金相關知識也變得不可或缺。社會已經不同於過往，無法再用掩耳盜鈴的方式賺錢了。

時代更迭，知識的價值勝過以往，閱讀理解能力高的人成為富者的機率也隨之升高。

就我自己的經驗來看，學生時期會讀書的人，閱讀理解能力高，成爲富者的機率也高。

處於知識蒐集階段時，讀書很重要，務必愼選書單。

假如你在學生時期功課不錯，就先從實務相關書籍開始閱讀吧。假設想做生意，請優先專攻這類書籍。

舉例來說，先閱讀《我這樣做生意賺大錢》，再看《學習自己報稅》等以實務爲主的相關書籍（其實我不確定是否有這些書，只是即興寫下的書名，以利讀者理解）。而且不要只看一本，多讀幾本。小說、漫畫一類的，暫且擱到一邊吧。

學習不能一蹴而就，假如你讀不進去，或者讀不到三頁就想睡覺，就分段閱讀吧。像是「每天讀兩頁」，諸如此類。

閱讀時，記得在日曆上圈出當天的日期或留下自己看得懂的小記號，這種堅持能幫助你培養毅力。

那麼，學生時期和書本絕交的人應該怎麼做呢？

學習新領域時，你覺得最困難的是什麼？

陌生的術語。

陌生的術語讓學習成爲一件困難的事。因此，閱讀理解能力較低的人以上述方法閱讀時，請不要忘了搭配線上辭典。

不需要覺得「丟臉」（反正沒有人知道），只要在專業書籍中讀到不懂的單字，就盡快搜尋辭典，及時理解字義。

當然，你有可能看不懂辭典的術語說明，那就去查你看不懂的那個單字，想辦法弄懂它。這樣做的話，有時一天看一頁也很吃力。

不要太介意。

縱使一天讀一頁，一年才讀完一本書，一年後的知識也已經遠大於一年前。

或許有人會質疑一本書能帶來什麼改變，連起頭都不願意。然而，**改變並非取決於閱讀量，而是你學習知識的方法與態度。**

簡單來說，與其當一個嚷嚷著：「考第一名又如何？」然後放棄的人，不如努力考第一名，培養學習的方法與態度，將更容易在其他領域取得成功。

總之，第一階段就是盡量多閱讀與自己工作相關的實務書籍，廣泛學習可以奠定基礎的背景知識。

第二，知識表現階段。

表現階段是指，正式將習得的知識套用在賺錢的階段。

將第一階段（知識蒐集階段）習得的知識套用於實務中，視情況可並行第一與第二階段，或者以第一階段的基礎在腦中畫出大框架，再進入第二階段。

比方說，立即需要的實務知識（行政業務、稅務等）可並行學習階段與表現階段。反之，交際、經營、管理等知識則須先在學習階段完全理解概念，才能在表現階段建立自己獨有的系統。

此時，重要的是方法論。即使擁有相同的實務知識，結果仍取決於你如何將其套用在實務中。簡單來說，實務知識的學習，如同操作機器的說明書；實務知識的表現，則爲活用說明書的技巧。就算是同一台機器，隨著操作技巧的差異，會出現完全不同的結果。

在表現階段，主要閱讀的是能夠引起他人共鳴的小說，抑或修養品格等自我開發、培養洞察能力的書籍。**畢竟你再怎麼懂得賺錢，成果仍取決於你的處世之道，也就是你的器度。**

簡言之，如果第一階段是提高自身身價的方法，第二階段便是培養自身器度的方法。

第三，知識管理階段。

第三階段是管理先前所學知識的階段。此時相對自由。假如你讀過很多書，某一刻起，將會發現書籍的內容大同小異。看了一百本書，對自己有幫助的只有一、兩本。但我們就是為了那一、兩本，必須讀一百本書。

這個階段主要做的是反覆閱讀對自己有助益的書，管理知識。為了因應改變，我們的確必須多讀新書，找出更好的對策，但身處這個階段，就算別人不說，也要懂得找些好書來看。

這是為了深化、管理既有知識的階段。

富者透過這三個階段，不止步於理論學習，進一步將知識套用於實務上。更配合趨勢變化，學習、管理知識，將所學活用於賺錢。

很多想開始閱讀的人都會說一句話：

「請推薦我不錯的書。」

根據每個人的偏好，每本書的價值都不一樣。對於想要立刻學會Excel，以提高身價的人來說，《三十天內學會Excel》這類書籍就是不錯的選擇。切記，看書不可挑挑揀揀，只讀導言或挑自己必要的部分閱讀。

話雖如此，想讀遍世上所有書籍是吃力不討好的工作。過去書籍相當珍貴，所以多讀書有一定的價值。但如今到處都是書籍與資訊，就算想讀遍所有書籍，也是不可能的事。現今比的是**誰能更有架構地學習知識，並轉化成自己的東西，以從中獲得更高的價值**。

因此，富者學習適合自身階段與方向的知識，以提高身價、培養器度，再加以管理。透過架構化的學習過程，持續成長進步。

與其陷入擔憂，不如加以管控

有個從事專門職業的富者，姑且稱他爲A吧。

專業人士想藉由本身的職業成爲富者的機率很低。這是因爲他們的薪水雖然很高，但只要不工作就沒有收入，工時自然也長。故與一般上班族無異，只是薪水比較高而已。

他們按照身價以自己的時間換取生活費，與他人的差別只在於勞動所得的多寡。間或有高所得的專業人士因爲家人深諳投資而致富，但鮮少有人靠自己成爲富者。因爲愈專業的工作，愈需要花時間維持身價，以至於他們沒有餘裕親自投資或學習投資。

儘管如此，A還是拚命學習，在投資上取得成功，成爲富者（非常難得的例外）。成爲富者以後，工作對A來說，變成一種自我實現，不再是生財工具。他一星期只工作四天，準時上下班。甚至爲了準點下班，下午三點後便不再接待客戶。

專業人士一星期工作四天，指定時間內才接待客戶的情況相當罕見。畢竟專業工作很難找人代班（擁有國家證照的人通常自己開業，不會待在別人底下做事），而且有不工作就沒收入的特性。

在每週工作六天的年代，A便已經改成工作四天，剩下的時間都屬於自己。雖然A年紀大了，仍然每天神采奕奕、精力充沛，看起來極爲純眞，彷彿是未經世事的孩子，世界裡沒有任何憂愁（不知道是否因爲這樣，他和小孩特別有話聊）。

我曾經很疑惑，人生怎麼可能如此無憂無慮。但與他建立私交，聽了他的故事以後，我才知道他有一段比誰都辛苦的過去。不僅小時候很窮，年輕時也因爲被人討債，終日流著血汗，中年時也是一刻不得閒地工作，人生泰半都活在緊張、不安、焦慮之中。

那樣的A是如何戰勝擔憂與顧慮的呢？

來聽聽他的說法吧。

「擔憂會浪費必要的能量。擔心得愈多，愈容易搞砸事情。滿腦子顧慮時，將無法做眞正該做的事，反而會帶來其他煩惱。如果很擔心的話，試想最糟的狀況吧。你目前的顧慮絕對不會比想像中來得嚴重。要是依舊很擔心，冷靜地寫在A4紙上吧。這能減少你的擔憂，讓你找出可行的解決辦法。如此一來，你自然會專注在如何解決這件事，不再顧慮。就好像討厭的臭味聞久了，終究也會逐漸習慣，不再有任何感覺。」

世界上沒有人是沒煩惱的，無論是富有或窮苦的人，都會有擔憂。

然而，**富者與貧者的差異在於管控擔憂的能力。富者運用自己的方法管控擔憂，貧者被無謂的擔憂牽著鼻子走。**

擔憂阻礙有發展性的想法，使人無法專注在該做的事情上，讓你陷入更絕望的深淵。

煩惱自己就業失利的時候，不如先去打工，就算只是基本薪資也罷。即便現在領的是基本薪資，不代表永遠如此。當然，假如你安於現狀，不求發展，每天庸人自擾，這輩子的確無法擺脫基本薪資。但如果你懂得管控擔憂，好好求進步，打工也能成爲踏板，讓你更上一層樓。

若是不知道該如何管控擔憂，可以試試A說的方法。
簡單到令人懷疑，但確實是管控擔憂的強大方法，我也嘗試過。
掌握恐懼，好好正視它，你將會感到如釋重負，獲得勇氣。

深思熟慮的筆記狂

富者的共通點之一是深思熟慮。這當然不是先天的性格，就像背誦九九乘法表並非天賦，多練習圍棋才能看出對手的路徑一樣，深思熟慮也是同理。人必須透過學習與訓練，後天培養深度思考的能力。

基本上，人是思考的動物，所以誰都會有許多想法，其中的差別只在於，想的是有發展性的想法，抑或負面的想法。

舉個例子來看。

成爲富者的人整天只想著如何賺錢，思考該怎麼做才能賺更多錢，要怎麼做才能利用手上的錢滾出更多錢。這種想法有著吸引力，能夠帶來更多有發展性的想法。這樣一來，你自然會爲了保管好點子，勤作筆記。當你一邊筆記，一邊找尋更好的方法時，便會邁向進步，漸漸成爲富者。

反之，成爲貧者的人整天只想著如何花錢。大家都想成爲富者，但他們僅考慮成爲富者以後的事，不去思考如何成爲富者。沉浸在成爲富者以後的甜蜜幻想，想著以後要買什麼、去哪裡旅行、怎樣炫耀自己等等，陶醉於花錢的想法當中，完全不思考如何賺錢。

這種想法當然也有吸引力，效果正是帶來更多花錢的想法。比如夢想擁有進口車，所以貸款買下便宜的中古進口車或國產車；陷入名牌的甜美幻想，所以購買仿冒品或名牌入門款。若是因此開始奢侈、欠債的生活，將會掉入貧窮。

既然如此，富者都怎麼記錄好點子呢？

方法並不特別。

他們不過是以輕鬆的心情，把自己認爲不錯的想法一一筆記下來。內容愈來愈多的話，就自行想辦法整理，像是分門別類、依日期排序等。分類的同時，還能順便了解怎樣的方法適合自己。

他們也會經由閱讀學習。透過教導如何整理筆記的書籍，習得自己從沒想過的方法，親自實踐，找出適合自己的方式。

近來科技不斷進步，筆記的方法也隨之變多。以往必須攜帶便條紙，隨時筆記，回到家後還要重新整理、保存，十分費力。後續保存時，則要另外準備保管空間，造成衍生費用。但現在已沒有這個必要。

只要有智慧型手機，隨時隨地都能筆記。有人認爲古典的做法比較好，建議我隨身帶著便條紙和鉛筆，但眞的沒有必要。

然而，使用智慧型手機筆記時，必須留意一件事，不能像在試鹹淡一樣，不斷更換應用程式。畢竟你的目的是筆記，不是尋找好的應用程式。

那該記錄什麼呢？

把自己認爲很重要的想法都記錄下來吧。

例如，你一邊打工，一邊想著該怎麼做才能成爲富者時，電視新聞正好出現靠不動產致富的人的相關採訪，讓你突然有了投資不動產賺錢的想法。此時，便可以簡單記下「學習不動產投資」。

經過一段時間後，請再次檢視筆記內容。如果重新檢視筆記時，無法看懂部分內容，之後自然會設法以自己看得懂的方式筆記。

當務之急是實踐，而不是精湛的筆記能力。所以不可過度貪心，讓自己壓力太大，連實踐都難以做到。唯有採取輕鬆無負擔的規則，才能驅使自己行動，逐漸鍛鍊出能力，穩健發展。

規則很簡單。

捨棄那些負面想法或虛幻的甜蜜想像吧。然後將有建設性的想法和有價值的事全都記錄下來。

接著，找時間重新檢視。

不看第二次的筆記形同塗鴉，最後只能落得被丟棄的下場。

「想在私領域與職場上成就有價值的事，必須先透過自我開發，讓自己成為有價值的人。」

——布萊恩．崔西 Brian Tracy（百萬富翁）

持續自我管理

我曾在職場遇到一位年過九十歲的高齡富者。當時我偶然幫助了他，因此成爲朋友。

那位富者雖然年過九十，卻沒有駝背，而且臉色紅潤，身體硬朗，說話也很有條理。與他對談時，往往會感受到驚人的邏輯性。這種邏輯能力不是天生的才能，而是在取得成功的過程中開發出的想法與原則。爲了收穫成果，他們必須清楚理解其中的因果關係，不論成果是金錢或成功。

因此，富者多數都很有邏輯。

我曾經出於好奇，詢問了高齡富者保持健朗的祕訣，卻得到意外的答覆。他告訴我，祕訣僅僅是「綜合維他命」。

我原本還期待出現很厲害的答案，例如各種媒體或電視上所說的長壽祕訣，與自然共處、不吃即時料理包、每天勞動等看起來煞有其事的特別方法，但他竟然說自己的健康祕訣不過是「綜合維他命」。

聽完他的解釋後，我卻發現這絕不是毫無根據的說法。

富者說，自己年輕時什麼工作都做，存下一筆錢，開了一家小工廠。他把工廠經營得有聲有色，賺進大把大把的鈔票。年輕有為的他，沉浸於紙醉金迷，結果四十幾歲時因病倒下，開始接受治療。那時，主治醫生除了告誡他少碰菸酒，還建議他定時服用飲食中難以攝取的維他命。

儘管現在的醫療比過去發達，隨便都能找到成分組合更好的綜合維他命，但那位富者仍然按時服用當初的選擇——常見的B群與標榜恢復疲勞的維他命。每天服用這兩種維他命，就是他的長壽健康祕訣。

以此為契機，當我認識其他富者時，都會詢問他們是否定期服用綜合維他命。令人訝異的是，大多數的富者都有這個習慣。

或許你會說，他們有經濟條件，理所當然會吃些好的東西。我起初也這麼想。但富者們的回答是，這是為了自我管理。富者們再怎麼削減無謂的開支，也不會吝惜作爲自我管理的維他命費用。想要做好自我管理，不代表要很有錢。

既然如此，富者都怎麼自我管理的呢？

第一點，規律運動。

不用非要做一個小時以上的肌力訓練或有氧運動。只要能夠持之以恆，十分鐘左右的簡單體操也無妨。

第二點，規律用餐，不暴飲暴食。

多數富者吃的不多，盡可能均衡攝取碳水化合物、蛋白質、脂肪三大營養素，避免飲食內容過度偏向碳水化合物、蛋白質，而且絕對不暴飲暴食。（暴飲暴食的起因是缺乏關愛、欲求不滿等心理匱乏。若是確實領悟富者的態度，就能自動排解這類匱乏感。）

不過，這不表示你必須像個營養師一樣管理菜單，或是使用昂貴的食材。簡單食用白飯、蔬菜、肉類，便足以補充碳水化合物、蛋白質、脂肪，以及維他命、礦物質等必要的五大營養素。

第三點，不斷學習。

這點非常有趣，富者就算成為富者，仍然不斷學習。

雖然說是學習，卻沒什麼特別的，只是多調查、多學習，讓自己更熟練興趣、嗜好或該做的事。假如喜歡釣魚，他們不會只在天氣晴朗的日子與朋友一起享受釣魚，還會學習魚類、誘餌、釣竿的種類或功能，讓自己更懂釣魚。

儘管人類的大腦只占體重的二%，耗費的能量卻占整體的二〇%。我猜想，大腦用得愈多，代謝愈活躍，說不定能令人長壽。我沒有特別去找這方面的論文和科學根據，但各位可以觀察一下周遭健康長輩的生活習慣，你將會發現他們的共通點是經常運動或思考。

有句話說：「體力即國力。」體力好，心志才會強大。

人的心志意外地脆弱，一點小傷害便能擊潰我們。

成功之路並非筆直向上的垂直線，而是歷經無數曲折，慢慢往右上移動的曲線。讓人跨越那些曲折的意志力，正是來自於堅持不懈的自我管理。

富者透過堅持不懈的自我管理，獲得比他人更加強大的意志力。

擇善固執

每個人都有一點固執，這從幼兒身上就能略知一二。但是，富者特別固執。從富者的態度來看，多少可以料想他們的毅力與耐力有多強。在這種背景下，他們不知不覺間變得比別人固執。

儘管這並非我透過科學與實驗證實的結果，卻是我數十年來，親身與富者相處所得到的經驗談。

基於這種固執，富者不會輕言放棄任何事情，擁有堅持完成目標的毅力。

反之，貧者似乎並不固執。這裡說的固執不是單純想要擁有某樣東西的念頭，或是堅持自己的主張。比方說，就算只是一本書，貧者也很難讀到最後，但富者會固執地看完它。貧者若是覺得無趣，便會闔上書本放棄。富者縱使覺得無趣，也會把書看完，以成就感創造更大的樂趣。

貧者求職時也一樣，他們很快就會厭倦目前的工作，四處尋找更好的職場。然而，富者會固執地把目前的工作做到最好，而非尋找更好的職場。諷刺的是，這樣的態度造就了富者轉職或創業時的實力。

貧者做生意時，如果現有的商品銷量不好，就會新增其他商品。例如，海苔飯捲賣不出去，他們便在菜單加上義大利麵。可是，富者會執著於研究海苔飯捲，以此一決勝負。

貧者經營事業時，看似具備各種目標與計畫，卻缺乏自有的色彩。富者的目標與計畫則很單純，從而色彩鮮明，擁有更強大的競爭力。

富者有這樣固執的一面。

這種固執不是憑空而來，是富者們在漫長的致富過程中，自然而然奠定的態度。

不吝於花錢學習

我見過的成功富者都有一個共通點，就是捨得花錢學習。

舉例來說，我認識的富者從不向他人借閱書籍，多是自掏腰包，必要時還會加價購買絕版書。眞的不行的話，就借來抄錄。假如各位認識借書來看的富者，還請不吝跟我說一聲，順帶證明我的錯誤認知。

因爲覺得那種樣子很神奇，我曾向富者詢問原委。

當時，有個富者這麼說：

「學習是種投資。我不曾見過任何人吝惜投資，還能事業有成、累積財富。」

我認爲，世界上沒有不好的書籍或演說。問題在於那是否適合自己，或者我該說這就像過去流行過的邏輯問題一樣，因爲不適合自己，所以才說它不好。

不要吝於花錢學習。

我們有時候會看到或聽到不適合自己的事物，但那也是種經驗。當你做生意或開公司時，需要嘗試多少錯誤呢？隨之而來的費用又有多少呢？

我認識一個人，他花費了十億韓元，終於在股票投資上取得成功。對他來說，十億韓元就是他的機會成本。

相較之下，書籍與演講的費用可說非常實惠，即便學到的東西不適合自己。不過，務必小心假借演講名義的招商或傳銷活動。除了收取正當的授課費用，還向學員出售自己的投資商品或誘導學員投資的話，他們的目的便是做生意，而不是教學。

除此之外，請不要吝惜學習的費用。

想要取得成功，必須具備精煉過的知識。

想要獲得精煉過的知識，必須多加學習。

比起後悔，更重視反省

富者的日常生活中，有個令人相當感興趣的態度，那就是他們看待既定事實的態度。

一般人常常後悔，說著：「早知道當時不要那麼做，現在就不會變成這樣。」但富者會說：「當時那麼做不對的話，下次應該這樣做。」藉此自我反省。

差異十分微妙。

後悔與反省，假如不細究，你會覺得兩者沒有差別，都是對過去感到惋惜。但這微妙的差異，劃分了富者與貧者。

比起後悔，富者更常反省。

貧者則是對自己未能取得想要的東西感到惋惜、後悔。後悔使他們執著在過去，把現在和未來的結果歸咎於過去的選擇，深陷其中。因此，貧者止步不前，徒增遺憾。

相反的，富者遇到同一件事時，比起後悔，更常反省。就算這件事不會再發生，他們也會努力反省，想辦法求進步。因此，過去只是過去，不會對現在和未來造成影響。

不要埋怨、後悔錯過的機會或選擇，這樣只會讓自己執著在過去，難以活在當下。不過，你若願意反省過去，將能發現為了更美好的未來而努力的自己。

當腦海中閃現後悔的念頭時，把它轉化成反省吧。

如此一來，重新嘗試的意志將會油然而生，取代原本的失落感。

CHAPTER 3

工作的態度

富者不會樂在工作

「假設我是一個做杯子的人，
我會盡力研究如何打造最好的杯子。
相較於關心大眾的評價，我的心力更應該投注在杯子上。」

——丹佐．華盛頓 Denzel Washington
（演員）

四種工作類型

工作是賺錢的基本方法。不工作，就無法成爲富者。有人說，就算不靠勞動所得也能致富。眞是天大的誤會。不靠勞動所得也能致富的說法，無異於認爲不上小學，也能直接考上大學。只不過，這裡說的勞動所得，不光是從職場領到的月薪，做生意、開公司等透過勞動獲得的所得皆包含在內。

富者以怎樣的態度看待工作呢？顯而易見，和一般人不太相同。接下來我將介紹其中差異，各位一定要好好學習，應用在目前的工作上，讓自己邁向成功。盼各位都能從容不迫地站在富者的位置上。

介紹富者們共同的工作態度之前，我們先來看看工作類型吧。

以賺取所得爲目標的工作，大略可分爲四類：

第一類，與人共處的工作。

像是業務人員、保單設計、仲介、經紀等，藉由與人打交道賺錢的工作。從事這類工作必須天生外向，透過各種人脈與良好的人際關係提高收入。

第二類，與文件共處的工作。

像是法律專家、講師、學者、編輯等，主要透過文件（文字）賺錢的工作。這類工作沒有特定的個性需求，但必須有長時間待在同一個地方的耐心，才有辦法解讀大量的文件，找出更好的方法，提高自身價值。

第三類，操作機械的工作。

像是工程師、編碼員、操作員等，主要以操控機械賺錢的工作。由於機械原理須以邏輯爲基礎，可以說邏輯佳的人更適合這類工作。喜歡數學、好奇心愈強的人，通常有愈好的工作表現。

第四類，創造的工作。

像是作家、藝術家、程式開發者、近期流行的創作者等，主要以創意活動賺錢的工作。想像力愈豐富，創意愈多的人，愈適合這類工作。

上述四種類型的工作沒有相互排他性，部分雖有交集，但就像主菜與配菜一樣，可區別最首要的是什麼。

之所以分類工作，是因爲**致富的方法取決於你自己適合哪一種工作**。

有人生來討厭社交，不一定百分之百都是先天因素，從小到大成長的環境也可能對他產生影響。很多人縱使原本和父母一樣外向，也會因爲後天的成長環境，自然而然轉變成內向的性格。

人們大多認爲外向的性格比較吃香，那是錯誤的認知。外向的性格並沒有絕對優勢，但也不表示內向的性格就比較好。

決定優勢的關鍵在於，如何加強與訓練每個人的特質。

比方說，再怎麼好的食材，還是有人把它做成沒人願意品嘗的料理。另一方面，卻有人能做出令人上癮的美食。

所以，如果你本身是內向性格，社會偏見卻強調領導力與外向，也不用因此氣餒，更無需刻意使自己成爲外向的人。

活了四十多年，我看過許多領導能力足以控制聽眾，卻活得一貧如洗的業務員；也看過無數過著邊緣人一般的生活，卻盡情地做自己，享受人生的富者。

儘管多數研究結果強調，你必須擁有外向的社交性格，才能與各式各樣的人打交道，也不要爲此氣餒，那不過是短短十年的觀察結果，而我說的是超過四十年的經驗知識。

基於這四種類型的工作沒有相互排他性，所以你不能在工作中完全排除討厭的部分，但還是可以盡量減少接觸。

比方說，你不能因爲討厭與人相處，就完全不理人，但你可以減少與人碰面的機會，除非必要的時候。

舉例來說，操作機械的編碼員不喜歡與人來往，就可以試著發展創意領域，轉職成爲程式開發者，在盡量不與人碰面的同時，賺到更多錢，成爲富者。

這種例子很常見。光是遊戲產業，就不知道有多少程式開發者過著與世隔絕的生活。他們不受他人干涉，獨立工作，便賺進數百萬美元。近年來快速崛起的YouTuber不也如此？他們能像業務員那樣，到處與陌生人交流，藉此賺錢嗎？

很多媒體說，人必須找到自己眞正想做的工作，我認爲那是錯誤的想法，沒有那回事。問問富者吧！他們是否在找到自己喜歡的工作後才致富。

富者爲了維持生計，就算討厭自己的工作也會做。不過，他們會根據自己的性向，調整自己的工作方式，讓自己成爲富者。

「你的價值取決於態度，而非適性與否。」

——吉格．金克拉 Zig Ziglar（作家）

不講求適性

理論學家或學者時常倡議大家尋找適合自己的工作，抑或追逐想要從事的夢想工作。

眞是如此嗎？

從我的經驗來看，這是錯誤的說法。

所謂的適性，只是一種似是而非的自我合理化，也就是藉口。

「這個工作不適合我，我做不下去了。」

「這個工作不適合我，我想要離職。」

聽起來不太合理吧？明明是自己的責任，卻說得好像不是自己的錯。身爲人類，我們天生有自我防禦的機制，因此會以責怪外界的方式來保護自己。

問題便來自這點。如果每件事都怪天賦不足，每份工作都怪個性不合，那你究竟能做什麼？

總該做點什麼，才會得到結果吧？然而，你卻完全不動手，光站在柿子樹下張著嘴，期待柿子掉下來。

「我沒有爬樹的才能。」

「摘柿子的工作不適合我。」

一邊說著這種話，一邊站在柿子樹下張嘴等待，最終只能眼睜睜看著小鳥飛來吃掉柿子。

到時候，你會繼續怪天賦不足、性格不合嗎？還是歸咎於新的理由呢？

年少時，我對性格與天賦很感興趣，因爲每件事都令人疲累、難過。總覺得別人都是順風順水，唯獨自己受苦受難。即使我從小就喜歡做生意，偶爾也會懷疑自己不適合這行，所以才會做得這麼辛苦。

爲了解決這個疑問，每當認識富者時，我都會詢問他們一個問題：

「讓你賺大錢的工作適合你嗎？」

各位覺得他們的回答是什麼呢？十個富者，至少有一個人認爲自己的工作適性嗎？大錯特錯。

沒有人曾以適性的工作取得成功。很驚訝吧？**很多人汲汲於適性工作，然而，真正賺到錢的人從未仰賴適性工作，甚至從沒思考過從事的工作是否適合自己。**

例如，有個缺乏口才、討厭與人相處的人，卻從業務員開始做起，最後自行創業。抑或有個偏好室外工作的人，卻願意忍受長時間坐在辦公室的文書工作。

你或許會這麼問：

「有名的投資家巴菲特不是藉由適性的投資賺大錢嗎？據說他從小就喜歡存錢投資。」

事實上，巴菲特從未說過投資工作適合自己。他不過是在波克夏·海瑟威（巴菲特的公司）二〇一五年第二季例行採訪中提及，自己「似乎」最適合經營保險公司而已（他會說這句話，極有可能是因爲正好在經營保險事業）。巴菲特多數的軼事都是從結果拼湊而成的美化故事。

巴菲特年輕時曾被老師班傑明·葛拉漢拒聘；向鄰居籌資進行投資，結果失利；開設加油站，最後倒閉收場。看到這一連串的過程，你還認爲他適合投資嗎？

就連他也不曾這麼說過。他只是默默耕耘，不屈不撓，鍥而不捨地種下根基。

以成功者作爲適性的例子，無非是從既有結果拼湊故事。我們應該根據現實做判斷，而不是以結果拼湊過去或過程，這完全不符合邏輯。

倘若有所謂的適性與天賦，騎腳踏車爲什麼不計較這些呢？有人會在騎腳踏車時講究適性與天賦嗎？如果願意練習，誰都能騎腳踏車。工作也一樣。只要練習，誰都可以做到。

惟練習時間因人而異，其中關鍵在於，你可以支撐多久。擁有鋼琴演奏的天賦，卻因爲無法消化練習，選擇放棄的人何其多。

然而，靠足球成功的朴智星選手先天患有扁平足，依然憑藉不懈的努力與練習，得到現在的成績。

撇除部分必須仰賴先天身體條件的工作，沒有所謂的適性工作。標榜適性不過是替自己找藉口。講求適性的人，就算從事自己喜歡的工作，不到一年仍會說自己不合適，吵著辭職。

不要再思考工作是否適合自己，做就對了。

說到底，**工作只是致富的墊腳石。講求根本不存在的適性，東挑西揀自己的墊腳石，只會在抵達目的地之前失足落水。**

「我很早之前就決定無條件地接受人生，我從不期待它特別為我做些什麼。但是，我的成就好像超越了我的期待。多數時候，發生在我身上的事，我都沒有刻意追尋。」

——奧黛麗．赫本 Audrey Hepburn（演員）

培養看清價值的能力

每件事都有自己的價值。假設今天有家海苔飯捲店，第一種人認爲其價值是裝潢或店內氣氛，第二種人認爲是以流通性降低成本的能力，第三種人則認爲是海苔飯捲的味道。

取得成功的會是哪種人呢？

無庸置疑，當然是第三種人。

第一種類型起初可能會因爲外觀引人注意，迎來絡繹不絕的人潮，顯得特別成功。然而，裝潢漂亮，餐飲卻差強人意，自然會喪失客群。失去回流客的店家形同得了絕症，準備倒數計時。

第三種類型短期內可能無法迅速發展，畢竟爲了賦予味道價值，必須耗費許多成本，相對獲利較少。但經過一段時間後，回流的客人將會愈來愈多，勢必能賺很多錢。

爲了便於理解，我舉這個簡單的例子來說明。其實，很多人在工作中受挫，都是因爲不了解工作眞正重要的價值，無論是職場，或是做生意、開公司都一樣。所以老是在不明所以的情況下，遭逢失敗。

既然如此，該如何培養看清價值的能力呢？

最簡單的方法就是仿效同一領域的成功者，或者遵從成功者的指導。武俠電影中，大師都只吩咐弟子洗衣服或打雜，雖然有人會反抗，但忍到最後的弟子終能成爲大師。

要求來學習做生意的人打掃或管理庫存，多數學徒都會認爲自己不是爲了這些雞毛蒜皮的瑣事而來，因此選擇放棄出走。即便聽了解釋，也會懷疑是不是老闆想藉故使喚更多工作。學習做生意的時候，爲什麼需要先學打掃或管理庫存這類（新手認爲的）瑣事呢？

首先，打掃是爲了在這當中自然掌握客人動線，熟悉商店配置。它的價值是在你自行開店創業時，成爲你的背景知識，提供發展指引。

那管理庫存的目的呢？管理庫存時，能讓你熟悉市場脈動，徹底學會哪些產品存貨周轉率高，以及不同的季節或景氣循環下，各別需要怎樣的商品等等。

這些事情可能在一朝一夕學成嗎？萬萬不能。好比學鋼琴或吉他，一定要反覆練習。

務必親身體驗、用頭腦思考，懂得何謂眞正的價值，才能認清價值。

我說的這些話，像是使喚更多工作的藉口嗎？倘若如此，那也是器度使然。有此感受的人，比起我的書，更適合看《十天賺一億》這類書籍。

如果身邊沒有富者，該向誰學習呢？

有個叫做標竿管理的方法，指的是以優秀的對象爲學習模範，不斷與其比較，加以突破。（這也是我執筆《富者的態度》這本書的宗旨。）

首先，請先找出與自己同領域的模範對象，是眞是假並不是重點。相較於辨別是非，學習、比較、實踐的態度更加必要。

與其爲了學習，耗費時間挑選更好的書，不如選定一本參考書，徹底學習、活用其中的內容。**正如「沒有不需要的經驗」這句話所說，只要選定一個目標，朝著**

目標前進，哪怕成果再微不足道，你也可以經由這段過程成長。

進行標竿管理，或許比較花時間，但你可以藉由這個過程，培養看清價值的眼光和看見核心的能力。

或許你覺得現在做的事很繁瑣，但你要知道，如果連這種小事的核心價值都看不見，你將無法成大事，也絕對賺不到錢。

這是因爲，如果沒有看清價值的能力，你有可能走錯方向，離成功愈來愈遠。不管做什麼，都要先到達成功，錢才會跟上來。若是搞錯方向，再多的努力也是白費工夫。

想成功，先培養看清價值的能力吧。

即便是小事，也要找出更好的方法

我以前開咖啡店時，曾有工讀生這麼問我：

「老闆，我明明做的比某某人多，卻領相同的時薪，眞是太不公平了。」

「我分配一樣的桌數給你們，你哪有做比較多？」

那是親自端咖啡上桌的年代。

「客人很少去某某人負責的桌子，老是只坐到我負責的區域。」

身爲人類，我們天生具有比較心態，無法滿足於站在和他人同樣的高度。

你曾思考過人爲什麼會轉職或接受挖角嗎？

因爲工作太累嗎？

最大的原因就是高報酬。

長遠來看，報酬的高低並不是致富的關鍵。勞動所得是販賣時間獲得的金錢，價值取決於個人的知識與實力。無論勞動所得是一百萬、一千萬，終究無法致富。

那要如何成爲富者呢？

你必須以勞動所得爲資本，拓展多元收入來源。

多元收入裡，包含了所謂的非勞動所得，例如投資。如果商業知識程度夠高，就有配息收入；如果金融知識程度夠高，就有利息收入。如果這兩者程度都不高，最簡單的就是投資收入。

關鍵在於工作的態度。

若能抱持著不滿足於現況的態度，就算是雞毛蒜皮的瑣事，也能成為提升自身價值、拓展多元收入的資本。

打個比方吧。

假設你是咖啡店的工讀生。事實上，絕大多數的工讀生都會認爲這不過是短期打工，把這份工作當成正式就業前的過渡，或者放假期間的臨時打工等，以過客的心態工作，導致工作績效低落，也因此做什麼都不會成功。

然而，連最簡單的打工都做不好了，能在哪個職場受到肯定？成爲正式員工，就能把工作做好嗎？基於被害意識，他們每每和別人比較，認爲自己所做的都是一些瑣事。

就算你在咖啡店打工，也要努力把事情做到更好，不要安於現狀。比如負責廚房事務，可以先想想如何把碗盤洗得更乾淨、更快速，可以做得更好的工作多的是。不要抱怨洗碗能幹嘛，名廚剛開始也是從切洋蔥這種小事做起。

把現有的工作做好以後，你會變得從容，得以著眼其他事務。廚房事務上手後，可以轉爲學習門市管理。門市管理上手的話，對採購、結帳、會計等工作也會開始感興趣，逐步發展各方面的能力。

絕對不能輕視這樣的成長過程。

透過親身體驗獲得的知識，價值難以用金錢衡量。從底層一路往上爬的實務經驗，將使你具備經營小店也不會輕易倒閉的競爭力。

你以後不想開咖啡店嗎？不管是咖啡店、烤肉店、炸雞店，都是一樣的本質。

不滿足於現況、想做得更好的態度，將協助你體現其本質，讓你邊賺錢邊學習花錢也學不到的事。

富者其實有自己的一套方法，能夠把別人無視或逃避的工作做得更好。我以前曾看過，某個富者不費吹灰之力就換好店面開飲機的桶裝水。看了他的動作，大家都相當感嘆。

如果已經這麼富有，通常早就把更換桶裝水的工作交給別人，不會掛心於此，他卻擁有自己的一套流程，毫不勉強地按照自己的原則，先擦乾使用者濺到四周的水珠，接著清潔出水口，然後抓住水桶，以膝蓋托住桶身，輕鬆地完成更換。比起配送員單手更換桶裝水的方式，他的方式顯得更專業衛生。

人人閃避的繁瑣雜事也能確實完成的人，可以更快習得工作本質，進而成就大事。

「才能就像餐桌上的廉價鹽巴。有才能者與成功者的區別，在於無數的努力。」

——史蒂芬．金 Stephen King（作家）

致力於把每件事做到最好

說到「最好」，大家可能以爲是什麼了不起的事，但我想說的「最好」其實很單純。以讀書來舉例，就是努力成爲同一起跑線的學生中最好的那個。以海苔飯捲店來舉例，就是努力成爲半徑一公里內的海苔飯捲店中最好的那家。

換言之，就是**努力在小範圍内先做到最好**。

我在做生意時曾遇見一名富者，他總是追求做到最好。

「同業當中，我創下了最好的營業額。」

「客流量達到最高的紀錄。」

「東西最好吃。」

「最好、最好、最好。」

宛如是個偏執症患者。然而，我後來發現其他富者也像他一樣，總是追求做到最好，終於明白了箇中原因。

富者們爲什麼追求做到最好呢？

資本主義屬於贏者全拿的結構。

雖然看似不正當、不合理，不過帶入我們的消費行爲後，便能輕易理解。

人們爲什麼要在最好的大超市買東西呢？

先前，我抱著傳統市場的麵包味道與風格，想必與制式化大型連鎖賣場不同的期待，帶外甥到傳統市場買麵包。

我在市場裡的麵包店買了麵包，結完帳後，發現放在角落的麵包長了青綠色的黴菌。儘管當下很生氣，但外甥就在旁邊，因此我好聲好氣地提醒老闆：

「老闆，這裡的麵包發黴了耶？」

「啊！這不是黴菌，只是沾到了東西。怎麼會沾上這個呢？」

麵包店主人這麼回覆，然後急急忙忙收掉那個發黴的麵包。那明明是黴菌，因爲上面的菌絲實在太明顯了，老闆卻強烈否認。回家的路上，我就把剛買的麵包全丟進了垃圾桶，從此不再去那家店。

我的目的不是貶低傳統市場，只是想提一下傳統市場和大型賣場對於物流、流通、服務、不良品的處置方式差異。

人類追尋最好的原因很明顯，畢竟服務與產品品質截然不同。

或許有人會說大型賣場扼殺了傳統市場，但其實是傳統市場降低了自己的競爭力。人性普遍都有自私的期待與需求，渴望以同樣的金額獲取更高的價值。

況且，不是所有的傳統市場商家都處境艱難。傳統市場裡，有些厲害的商家比大型賣場加盟主賺得更多。

事實上，同業中，能夠賺大錢的不超過五%，其餘的多半只有賺老闆的工資、維持現狀或赤字。簡單來說，一百家海苔飯捲店中，賺大錢的只有五家，剩下的九十五家僅算是勉強經營。

無論做什麼工作，都做到最好吧。唯有做到最好，才能賺到錢。

我並非要求各位達到世界第一的程度，但至少要成爲自己負責的領域、周遭店家等少數競爭者之中，表現最好的人，才能賺到錢。

在小領域做到最好，才有機會成為大領域的佼佼者。

建立系統

我做生意時，有段時期因爲員工離職變得很忙。

熟識的廠商老闆問我：

「不對啊！你怎麼親自做現場的工作呢？那誰負責管帳和採購？」

「因爲突然有員工離職，另一名員工又剛好休假，所以我不得不來幫忙。等這裡忙完了，我晚上再來做結帳和採購的工作。」

「哎呀，眞是辛苦。今天晚上要加班到很晚吧？」

「那也沒辦法呀。」

那時候，我以爲人力短缺等大大小小的問題，對於小規模的營業者來說是在所難免。不過，我發現了一件不尋常的事。

好像只有我的店鋪缺少人手時，這種情形特別明顯。只要有一個人辭職或休假，其他員工就必須支援現場，晚上還要繼續白天沒做完的行政工作，很晚才能下班。

然而，熟識的廠商老闆店裡就算少了一、兩個人，工作時間也與平常沒兩樣，永遠都在同一時間下班。

到底差異是什麼呢？我相當好奇。

所以，我拜訪了那位老闆。

「老闆，我能否請教您一件事？」

「什麼事呢？」

「就像您先前所見，我們店少了人手時，事情做到半夜也做不完。但你們遇到同樣的狀況時，爲什麼能準時完成工作呢？我實在很好奇。」

「啊，那個啊，我們以前也和你們一樣，老是發生同樣的問題，以至於店鋪無法正常運轉。我爲了改善這點，優化了所有的職務內容，建立了相應的系統。現在就算少了一、兩個人，也不會影響到整個團隊。」

我從這件事學到，成功者會針對重複性高或是有規則性的工作建立系統，即便它曾經是個問題。

當時並沒有「系統」這種用語，現在回想起來，才明白那就是近期常提及的系統化。

工作有了系統架構，下次出現同樣的問題時，就能以自動化、半自動化的方式處理，大幅減少工作或問題帶來的壓力。若是仔細觀察其他成功的店家，也會發現他們多半都已經將工作系統化。

系統化的方法如下：

這裡沿用上述的人力短缺事例，讓我們看看熟識的廠商老闆如何解釋。

首先，**像拼圖一樣，仔細分解每項工作**。然後將互有關聯性的工作內容交給同一個人做。由於規則簡單，員工可以明確知道自己該做的事，不會眾說紛紜，搞不清楚誰該做這件事，誰該做那件事，也不需要因爲無事可做，必須看人眼色。

再者，**編制工作系統的說明手冊**。

如此一來，即使有人辭職也不會影響整體事務。新人到職後，只要讀熟手冊，便能開始工作。

以系統引導員工，帶動整體運作。當然，這是爲了幫助各位了解何謂系統，才以人力短缺的問題舉了一個例子。

重點在於，凡是重複性高或是有規則性的工作，都應導入系統，讓它能以半自動、自動化的方式運作。這樣一來，無論是親自執行、委任或被委任的情況下，該項工作都能順利進行。就算臨時出現狀況，也有系統可遵循，不會造成負擔，損失也能降至最低。

工作中頻繁遇到的小問題常使我們浪費許多精力，花費不少時間實現目標。無論是什麼事情，若是時常發生，就建立系統吧。

唯有如此，才能避免把精力浪費在不必要的地方，專注於邁向成功。

相較於該做的事，更應重視不該做的事

第二次世界大戰時，美國爲了確保飛行員的安危，針對倖存返航的戰機上的彈痕進行了分析。結果發現，戰機上的彈痕主要分布在機翼與機身、尾翼，因此決定補強嚴重受損的部位。

然而，研究負責人卻意外地指示人員補強毫無彈痕的飛行員座位區和引擎區域。這個命令讓眾人感到訝異。大家本以爲應該補強最常中彈的部位，但聽完負責人的話以後，才意識到自己的謬誤。

負責人是這麼說的：

「返航戰機上的彈痕，表示這些部位受損時，飛行員仍然可以存活。然而，毫無彈痕的部位一旦中彈，飛行員便無法存活，因此沒有一台戰鬥機帶著那些部位的彈痕返航。」

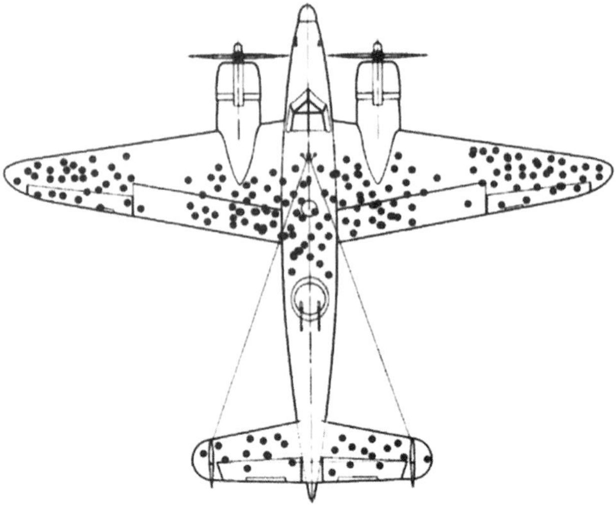

返航戰機上的彈痕分布

我認爲成功與失敗也是相同道理。

如果仔細觀察那些已經獲得成功的人，你會發現他們早上必須早起、不浪費任何一分鐘、一公尺以上的距離一定用跑的、日程緊湊……對自己要求十分嚴苛。幾乎所有的領域都沒例外。

但鮮少有人會像我一樣，將不該做的事拿出來討論。投資領域亦然，很多事都是成功者認爲應該要做的。

不過，對我來說，**相較於該做的事，不該做的事更多。**

爲什麼呢？

這是因爲，我看過數不清因爲在各種所謂該做的事遭逢失敗，難以回頭的例子。就連我自己也因爲如此，至今仍在試錯。

正如同飛行員座位區和引擎區域中彈的戰鬥機無法返航，失敗者也沒有發聲的餘地。

早上必須早起、不能浪費時間、妥善管理人脈等，並不是成功的要件，做與不做都無所謂。如果誤把不做也無所謂的事，當成一定要做的事，費盡心力，抱持錯誤的期待，反倒會衍生出更嚴重的問題。

你會挫折地反問自己：「我都這麼努力生活了，爲什麼過得更辛苦了呢？」

我年輕時便是如此。

想要成功，相較於一百零一件該做的事，更應該堅守立場，不做那一件不該做的事。

一大清早起床，然後帶著一雙兔眼睛上班並非什麼要事。往正確的方向努力，才能帶給你更多向上成長的力量。

學會正確的自我客觀化

不知從什麼時候開始，「自我客觀化」一詞變得流行。顧名思義，自我客觀化說的是客觀評價自己。回想我認識的富者們，多數都很懂得自我客觀化。

不過，有些富者會針對不同的對象，刻意表現出傲慢自滿的模樣。這是因爲，面對廠商、同業競爭者、金融機構時，若降低自己的身段或顯露出急迫感，可能導致情勢不利於己。除了這類的特殊狀況，富者總是以冷靜謙遜的態度評價自己，絕對不會認爲自己非凡。

反之，失敗者往往做不到自我客觀化。他們無法客觀評價自己，誤以爲只要下定決心，沒有自己做不到的事。

就好像一個連浮在水面上都做不到的人，盲目地以爲只要下定決心，自己的游泳實力也能變得和游泳選手朴泰垣一樣。過度自信，無法認清自己現有的能力時，將難以聽取有經驗者的說法，把必要的建議當成嘮叨，不屑一顧。

做不到自我客觀化的人，往往會有自己在水準之上的錯覺。由於他們自認是特別的人，因此會在創造出成果之前，就先要求報酬。以錯誤的邏輯思考，以爲有高報酬才能提升自己的能力，而不是先培養自己的能力再求報酬。

「要是錢夠多的話，就能取得成功了。」

「失敗是因爲人力不足。」

「景氣不好，我才無法成功。」

把自己的能力不足歸咎於他人，一再重蹈覆轍，裹足不前。

自我客觀化並非缺乏自信，而是冷靜觀察自己，從而虛心看待工作與成功的行為。與其信口開河說自己做得到，不如好好磨練自己，直到自己能夠做到的那一天為止。

正因如此，成功的富者才會在不爲人所知的地方默默學習，傾聽有經驗者的說法。

富者藉由自我客觀化，辨別做得到與做不到的事。果斷放棄做不到的事，專注在做得到的事情上，勢必能創造出好的成果。

做一件事之前，應該深入了解自己是否眞的有能力完成。若說事情的成敗取決於此也不爲過。當然，假如你對於自己究竟做得到或做不到感到苦惱，就代表你尚未做好準備。

CHAPTER 4

身在職場的態度

富者不會挑工作

「偉大的作品不是靠力量，而是靠堅持完成。」

——塞繆爾．詹森 Samuel Johnson

（詩人）

職場上，生存是優先要務

想要致富，職業並非關鍵。

平凡上班族成爲富者的大有人在，因爲一個人勞動所得的高低對致富的影響並不顯著。如前所述，勞動所得只是致富的墊腳石，然而，若是少了勞動所得，將難以致富，如同少了墊腳石，難以跨越河流一樣。

最基本的勞動所得來源就是公司。這一章，我將爲各位介紹富者們都是以怎樣的態度看待職場生活。

期盼目前身處職場，夢想成爲富者的讀者，能藉由本章節找到屬於自己的正確方向。

身爲上班族時，富者都是抱持著怎樣的態度呢？

職場裡主要分爲兩種階層：

第一種，不需管理、負責實務的下屬階層。

第二種，跨越實務、負責管理的主管階層。

各階層的任務與態度有所差異。

這裡要介紹的是，我在以上班族身分致富的人身上學到的態度。

當下屬時，必須懂得忍耐

公司這種爲了利益而存在的組織，無異是一個小戰場。儘管相較之下，組織內不比組織外的社會糟糕，卻不見得穩定。尤其組織規模愈大，愈是如此。

恰如預購重大節日的車票，座位有限，需求者眾。

在學校這類的組織中，通常過了一段時間，成員就會更迭交替，但職場不同。假如公司沒有成長，位置將會變得有限。位置一旦補上，幾乎不會再空出，然而，想要該職位的人卻是日益增加。

因此，競爭只會愈演愈烈。

如果你是下屬，想盡辦法生存下去吧。做好覺悟，當三年的聾子，三年的啞巴，三年的瞎子。忍耐到經濟無虞，不再需要職場薪水的那天爲止。

你一點都不特別，不過是在職場裡稍微懂一些文書作業，絕對不是眞的很有能力。快點覺悟吧！和你一樣的人比比皆是。私心使然，你時常認為只有自己能勝任，但實際上誰都能夠做到你正在做的事。

務必記住，主管掌握著你的生命線。必須無條件服從，不喜歡也要仿效，並且絕對不要在他面前表現出自以為是的模樣。

過於信任主管也不行，切記，他總有一天會為了利益，成為在背後捅你一刀的人。聽命於主管的同時，要時刻保持警戒。

不過，要持續到什麼時候呢？

當你得以經濟獨立的時候。耗時五年或十年，取決於你的能力與努力。**白天盡心工作，晚上努力實現經濟獨立。平日做好公司的工作，週末只為自己工作吧。**

為了獲得經濟獨立的能力，必須培養獨立完成現有工作的能力，或者透過投資創造被動收入。

那該怎麼做才行呢？

打個比方，假設你是海苔飯捲店的店員（作為參考，書中多以海苔飯捲店舉例，方便讀者理解。各位可按自身情況，進行置換），你必須忠於店員的工作，直到自己有能力自行經營海苔飯捲店或透過投資實現經濟獨立。不能因爲這是海苔飯捲店，就小看這份工作。你必須學習與之相關的所有知識，反覆確認是否還有其他該學習的事情。

擅長做海苔飯捲，不代表能夠經營海苔飯捲店。除了最重要的海苔飯捲的配方，是否具備特殊的宣傳集客手法、應對客人的祕訣、處理或管理食材的方法、採購材料的廠商、揀選員工的眼光，以及店面租約、權利金、收銀業務、POS系統、附加稅與所得稅的處理方式等等，一概要學習。

不過，切忌被主管發現你是爲了個人目標與獨立而學習。

另外，身爲下屬時，絕對不要輕率地投資股票，那不僅無法賺錢，還會使工作專注力下降，甚至令人感受到生存威脅。

股市投資是需要花時間的懦夫賽局，但作爲下屬，往往必須過著被金錢與時間追趕的生活，因此很難仰賴投資股票賺錢。

如果你想要長期留在組織裡，偶爾也要升遷。

既然如此，該怎麼獲得升遷的機會呢？

做好工作就能升遷了嗎？

你想太多了，那種事只會發生在電視劇中。工作能力愈好，升遷愈困難。爲什麼呢？由於公司是追求利益的組織，假如某個部門中有個工作能力好的人才，因爲升職而無法繼續擔任該職務，豈不是公司的損失？因此，良好的工作能力不是升遷的理由。

既然如此，該怎麼爭取升遷呢？

升遷取決於掌握著下屬生命線的主管。暫且從主管的立場思考一下吧。

假設你手下有A和B兩個名員工。

A既聰明又很有工作能力，舉一能反三。A不僅工作能力好，也很有原則，動不動就指出你的失誤，強烈主張反對意見，容不下任何錯。

相反的，B是非常平凡的員工，交代一件事就只能做到一件事。但他對你相當死忠，願意爲你粉身碎骨。就算你犯了錯，也會支持到底。

此時，空出了一個必須與你密切合作的主管職位。

你會安插誰到這個位置呢？

不必多問，當然是B。

回答A的人，通常不是社會新鮮人，就是將自我的正義誤認為社會正義的理想主義者。

想要升遷的話，不要想著把事情做得更好。畢竟公司業務僅對組織有價值。等到離開職場，開始進行眞正的工作時，再把事情做到最好。

不過，可以多仿效主管。仿效主管的穿衣風格，培養相同的興趣，一起享受其中。對主管表現出無盡的信賴，證明自己的忠誠（一般稱此爲「找靠山」或「辦公室政治」）。但記得，不要替主管背黑鍋。

當主管的罪行浮出檯面時（如果被內部稽查舉發時），你必須找尋其他靠山。沒必要和正在沉沒的船共進退，你的目標是生存，不是實踐博愛精神。

你覺得這樣太過殘忍無情嗎？想要全民共好嗎？你之所以在學校拿低分，也是爲了讓別人獲得更好的成績嗎？若是如此，請放棄在職場生存，趁早學習如何做生意或開公司吧。

找藉口把問題歸咎到別人身上吧

這個態度僅適用於職場。

爲什麼我們身處職場時，必須找藉口把問題歸咎到別人身上呢？

正如前述，這是爲了生存。身在公司這類組織中，若是以人道主義或感性主義爲中心，選擇當個好人，將會有人企圖利用你的善良。

即便如此，也不用特別表現出自己的惡意，那只是把生存當成藉口的行爲。

這要持續到什麼時候呢？

直到你可以經濟獨立的時候。

提出進化論的達爾文寫道：

「最終生存下來的不是強者。懂得適應改變，從而進化，才能生存。」

請將這句話銘記在心。

你在職場中不值一提的實力，在社會的其他角落根本算不上什麼。

隨著你年紀愈大，就業或轉職的機會也愈來愈渺茫。與其到處撒網，不如以在現有的職場活下去爲目標。如果你連熟悉的地方都無法生存，面對陌生的新環境將會難上加難。

爲求生存，身處職場時，勢必要找藉口把問題歸咎到別人身上。千萬不要逞英雄，自己攬下所有過錯。

說一個有關這主題的故事。

某個和我很熟的朋友，從學生時代就無法忍受任何不公不義，是個正義凜然的人。他不僅講義氣，更以信義爲最高原則。

當他到大企業上班時，我比誰都祝福他。看見講義氣的朋友發展得這麼好，實在令人開心。

時間匆匆流逝，朋友久違地聯絡了我。他告訴我，他爲了恪守義氣，獨自攬下主管和自己共同犯下的過錯。

就他的個性來看，不難理解他這麼做的原因。肯定是出於無謂的英雄氣魄，自以爲帥氣，做出只有電視劇中會出現的行動。然而，現實與電視劇不同。電視劇裡，組織往往會深受義氣感動，免除一切罪責，對此讚譽有加，但現實並非如此。

我強硬地對朋友說：

「你快去找稽核單位，告訴他們那其實不是你的問題，全都是你主管犯下的錯。說你有證據。不然的話，你會完蛋的！」

朋友不顧我的勸告，選擇堅守與主管之間的義氣。

結果呢？

那個讓朋友秉持義氣、深信不疑的主管，對朋友攬下的罪行佯裝毫不知情，反將自己犯的錯全推給他。爲此，朋友被趕出公司，別說是資遣費了，甚至還要支付損害賠償。

職場生活絕對不像學校那麼輕鬆。攸關生存時，拋棄無謂的英雄主義，找藉口把問題歸咎到別人身上吧。

工作是致富的墊腳石，但僅只於此。拋棄無謂的感性，認清現實吧。

進行提升效率的自我開發

現在，來看看主管的立場吧。

如果成為主管，縱使不特別說明公司結構，也會懂得在職場求生存的方法。

因此，這一節我將說明主管成為富者的必要態度，而非如何以主管的立場求生存。

目前擔任管理階層的讀者，對這一節的內容應該很容易產生共鳴。即使尚未成為主管，但事先了解，對於未來從事管理工作也不失為一種幫助。

相比下屬，主管的可利用時間較不充裕。當下屬時，只要做主管指示的工作。當主管時，卻要花費許多時間維繫與各個部門的關係。

下屬的過錯等同自己的過錯，只做老闆交代的事也無法受到肯定。如果說下屬時期的關係結構是與主管之間的垂直結構，那主管時期的關係結構便是上下左右錯綜複雜的立體結構。

所以主管必須不斷自我開發。同時，相較於先前更高的收入，可以用來投資，所以應掌握相關知識。

既然如此，該進行哪些自我開發呢？

首先，**進行工作委任與確認等管理層面的自我開發**。

由於下屬的過錯是你的責任，務必隨時點檢確認。此外，也要懂得分配工作，適時調整，找出最有效率的工作方法。

假如不這麼做，你將無法好好領導下屬，除了聽他們怨聲載道，還要忍受來自上頭的壓力。

倘若不想像三明治一樣，痛苦地夾在中間，就要打造有效率的工作分配系統，學習如何製作確認清單，以及建立體制。

業務確認清單完成後，必須交代給下屬，提高工作完成度。

另外，學習建立體制，掌握如何根據每個下屬的能力，適當分配工作。

此時，除非你有望升遷，否則就該好好準備邁向經濟獨立。提升工作效率，騰出空閒時間，正式開始學習投資吧。

我會在後續的章節裡，針對投資起步時必須從何學起另外加以說明。

一般來說，進行管理工作時，最費時的就是收拾殘局。本來一次就該結束的工作，卻要不斷重來，自然會耗費更多的時間。**身為主管，必須不斷進行提升工作效率的自我開發。藉此提升效率，創造更多的時間，學習經濟獨立的方法，然後一一實踐。**

切記不可讓下屬或老闆發現你在學習投資或進行投資。如果想在酒席上炫耀投資的成果，奉勸各位還是乖乖吞下那些話，喝酒就好。

有句流傳許久的投資格言是這麼說的：

「福氣來自內心，卻從嘴巴離開。」

CHAPTER 5

經商的態度

富者不會魯莽行動

「天賦來自神的賜予，必須謙遜以待。
名聲來自眾人的賜予，必須心存感激。
惟自滿來自自己，必須小心謹慎。」

——哈維．麥凱 Harvey Mackay
（企業家）

富者不會魯莽行動

成爲富者的過程就像跑馬拉松，在這趟漫長的旅途中，雖然你可以只靠上班賺錢，但也可以藉由做生意、開公司致富。因此，學會富者做生意、開公司的態度，你將能夠隨機應變各種狀況，成爲富者。

做生意和開公司有什麼差異呢？

有人說是營業額的差異，有人說是所得的差異。然而，不管是營業額或所得，都有點不太明確。依我的經驗來看，其中的差異其實很簡單。收錢的時候，必須與消費者面對面的是做生意；不用與消費者面對面的是開公司。

雖然兩者有所不同，但成爲富者的本質是相同的脈絡。

既然如此，擁有各種經驗（上班族、做生意、開公司）的我，覺得上班族與生意人有什麼不同呢？

假如你是一名上班族，絕對不要把經商想得太簡單，貿然投入這個行業。

如果你純粹是不想上班，所以開始做生意或開公司，成功機率將不到五％。你覺得太危言聳聽嗎？絕對不會。多數人創業無法撐過三年，就連排名在前五％的經商者，也經常撐不過十年。

倘若你想確認我有沒有說錯，不妨詢問認識的記帳士，看看他們的委任者中有多少家經營超過十年。

爲了維持收入結構，記帳士除了既有的客戶，還必須不斷找尋新的委任者。相較於統計資料，向他們確認現實的成功機率說不定更準確。加上統計資料是針對不特定多數人的整體統計，很難確認特定企業的存續時間。

因此，如果不曾學過經商的基礎，絕對不能把這件事想得太簡單。不如好好當個領薪水的上班族，利用勞動所得申請信貸、進行槓桿投資等，才是更聰明、簡單的道路。相關內容將於本書後半部詳細論述。

然而，部分經商態度也適用於上班族，建議各位可以試著找出自己覺得必要的態度，好好學習。不要因爲自己是上班族，就跳過這一章。

比起利潤，價值才是首選

以前做生意時，我跟附近一位藉由經商致富的富者成爲朋友。當年我還很年輕，那位富者似乎很欣賞我的勤奮，有空的時候，都會拉著我東聊西聊。

在我的印象中，他那時候已經賺了很多錢，日子相對寬裕，所以經常來找我。他經營烤肉店，不僅規模很大，員工也很多。他時常在打烊後，帶我到他店裡喝酒吃肉。

當時正值我揮灑著血汗做生意的時候，什麼都想學，便藉機向他請教了各種問題。我主要都是問他怎麼賺錢，比方說，他是否曾經歷過像我一樣艱辛的時期、努力的話是不是眞的可以賺大錢、想要賺大錢該怎麼做等等。他十分喜歡我積極的態度。

那位富者說，他一開始做生意的時候，並沒有追著錢跑。

各位或許覺得這句話聽得很膩，但大部分的人從未理解這句話的本質。我以前也和各位一樣，認爲這根本不像話。

「我是爲了賺錢才做生意的，您卻叫我不要追著錢跑？」

「要是你追著錢跑的話，它就失去價值了。」

「咦？那是什麼意思？請您再說得清楚一點。」

「當你爲了一點小利益精打細算的同時，你賣的東西就已經失去味道了。若想降低成本，你必然會用比較便宜的原料。這樣的話，你再怎麼認眞烹煮，呈現的味道也有限。還不如買好一點的原料，縱然利潤比較少，卻能賣更多。」

「這樣不會更辛苦嗎？您以前也是這樣嗎？」

「是啊，我最初幾乎沒有賺到錢。」

「我做生意做成這樣，甚至都流鼻血了，要是連錢都賺不到的話，有必要繼續下去嗎？」

「賣愈多，你愈有利。」

「我聽不太懂。賣愈多，成本不就愈高嗎？人事費用也會跟著大幅增加。那要什麼時候才能賺大錢？您究竟是怎麼賺大錢的呢？」

因爲記憶太過久遠，我稍微改寫了對話內容。但我透過類似的提問，確認了幾個原則。

根據烤肉店老闆的說法，哪怕錢賺得少，也要堅持守住產品的味道。他一心想成爲周邊商圈的佼佼者，無論工作再辛苦、利潤再少，對他來說都不是問題。

他像個匠人一樣，把全部的心思放在味道上。漸漸的，客人之間口耳相傳，常客也愈來愈多，生意開始有了起色。

如此一來，既有的採買方式已無法取得需求的肉量。換句話說，供應商已不能滿足供需，因此，他只好委由肉鋪供應肉品，不再仰賴原本的供應商。之後，就連肉鋪也滿足不了供需時，他改向大型批發商叫貨。基於餐廳的消費量大，他得以用更低廉的價格獲得品質更好的肉品。意即生意愈好，成本愈低。

那時的我知識不足，沒有辦法理解這是爲什麼。後來，隨著經驗的累積，終於明白箇中道理。以經濟術語來說，這叫做「規模經濟」（因爲大量消費，販賣者和消費者都能獲利）。同樣是購買A商品，買十個和買一百個、一千個，價格不盡相同。購買數量愈多，單價降幅愈大。

方便起見，假設有個A商品吧。

當我散買一、兩個A商品時，廠商的報價是十萬韓元。考量各種手續費、附加稅等費用後，我以十三萬韓元販售這項商品。但有一天，我突然接到一張申購一千個A商品的大單，我向廠商叫了這一千個A商品後，得到了驚人的報價。原本單價十萬韓元的A商品，批量購買時，價格幾乎砍了一半。

試想一下。

我以十萬韓元進貨、十三萬韓元販售A商品時，差額是三萬韓元。一千個A商品，以這個報價進行交易的話，差額僅三千萬。然而，若是以批量購買的報價（五萬韓元）進行交易的話，差額將是八千萬韓元。

按照這個原理，只花一天就賣出一千個商品時，會發生什麼事呢？

利潤將呈等比級數增加。

烤肉店老闆當時想告訴我的就是規模經濟。如果提高價值，留住常客、增加顧客回頭率，就能在短時間內，以零售的方式創造出批量交易的效果。

比起一天接五十幾個客人，一天接一千個客人更能降低成本、增加獲利。相較之下，人事費用與其他附加費用不過是小意思。

不管再怎麼降低成本，顧客如果不多，利潤都很有限。

舉例來說，你原本販賣的是成本五千韓元、售價一萬韓元的肉品。爲了節省成本，你用同樣的售價販賣成本四千韓元的肉品。假如你賣給五十個人，僅僅多賺一千（元）×五十（人），共五萬韓元。但由於肉品品質變差，客人自然不會增加。與其如此，倒不如供應品質好的肉品，留住常客、增加顧客回頭率，利用批量交易將獲利最大化。

做生意或開公司時，這是很重要的態度。**相較於追著錢跑，提高價值更重要。增加常客和顧客回頭率，提升整體營收的方法，雖然看起來有點慢，無法一次獲得更高的利潤，終歸是邁向成功的道路。**

我們必須永遠把價值擺在最前面，不能光顧著眼前的利益。

絕對不要相信競爭對手

做生意或開公司的新手由於焦慮和孤單，以及想要交流資訊，很容易輕信和依賴身邊的同業。假如你今天開一家海苔飯捲店，倘若生意不好，附近同行給的一點小安慰也能使你產生信賴感。

「賣海苔飯捲很辛苦吧？我們也差不多啊。這附近賣海苔飯捲的，只有你和我而已，我們就互相分享對方需要的東西，一起打造雙贏吧。」

包裹糖衣的謊言令人輕易地依賴對方。

對方眞的是爲你著想，才對你說這種話嗎？

當然不是。

這是降低你的警戒心，企圖從背後捅你一刀的把戲。

以前曾發生過一件事。

有個和我很熟的生意人，方便起見，就叫他A先生吧。

A先生與同業競爭者（姑且叫他金老闆吧）相處非常融洽，甚至到了令人不安的程度。

出於擔心，我對A先生這麼說：

「最近你和金老闆感情不錯，但還是別走得這麼近吧。他畢竟是競爭對手，恐怕是想利用你啊。絕對不要相信他，他以後會在背後捅你一刀的。」

「金老闆是好人，大哥爲什麼要挑撥我們呢？你太悲觀了啦。人如果不能相信人，還能相信什麼？世道再炎涼，也還是有溫情的。而且，經商也有商道啊。」

我非常討厭這種話。善良卻懶惰的人動不動就想依賴根本不存在的正義。因爲懶惰，所以不願費力，只看自己想看的東西。

A先生最後怎麼樣了呢？

他告訴金老闆自己所有的情報，就連往來廠商清單都與他共享。這件事成了A先生的弱點。金老闆後來利用那些廠商，讓A先生陷入了困境。

他是怎麼做的？

在流通業界，如果得知競爭對手的往來廠商，通常會惡意利用這些廠商，讓對方吃盡苦頭。

就像這樣，金老闆私下向A先生的往來廠商透漏了A先生的弱點：

「我聽說銀行拒絕讓A先生的公司申請緩繳貸款，所以傳聞他們現金周轉不靈，也很少還款。貴公司最好小心一點，才不會拿不到貨款。」

只要這樣旁敲側擊，往來廠商們自然會有所提防。他們的試探方式是提前A先生公司的結算日期，比如原本是一個月結算一次，卻改爲兩週一次，或是把交易條件從簽帳改爲現金交易。

當然，廠商們是在確認傳言的眞僞後，才決定變更交易條件。確認的方法也很簡單，比方說，稍微提高報價，例如把原本報價十萬的商品，調漲成十一萬，如果傳言不實，A先生一收到報價，勢必馬上要求他們合理調整價格。

原因在於，商家若能正常付款，絕對不會接受高價進貨。要是廠商不願意調整價格，他們頂多找別的廠商合作。「假如你們不恢復原價，我們就要換廠商。」坦蕩提出價格調整需求。

但如果傳言屬實，A先生的公司就會接受漲價，以免哪天公司無法正常付款時，找不到其他廠商。所以就算報價高昂，也會迫不得已接受漲價。

高價進貨後，A先生的公司漸漸失去價格競爭力，營收也開始下滑，問題就像癌細胞不斷轉移，變得愈來愈嚴重。

若公司毫無問題，散布傳言還會有效嗎？現實中不太可能發生。廠商們也不是頭一天做生意了，怎麼可能因爲虛假的傳言，就不賣東西給別人。謠言牽涉到金錢時，他們一定會先確認眞僞，再根據情況下對策。

因此，如果證據（內部消息或把柄）確鑿，足以創造有力的傳聞時，絕對不能讓競爭對手抓住自己的弱點。

萬一競爭對手取得你違法的相關訊息，遊戲幾乎就結束了。因爲他可以立刻向相關單位舉發或投訴你。我們偶爾會在報章新聞中，看到業者隱瞞商品的原產地，結果被人舉發的消息。這種事外部人士絕對不可能知情，因此，這些新聞絕大多數都是同業競爭者取得內部消息後，刻意發動的攻擊。

既然如此，遭受算計的人知道事情的來龍去脈嗎？大部分都不知道。

那競爭對手爲什麼要害他們呢？

這不是理所當然嗎？競爭者愈少，對自己愈有利。

經商時，我看過無數商場新手，他們給我的感覺是，實在太過輕易抓住競爭者伸出的手了。不僅沒有發現那是將他們帶往陷阱的手，還抱持過度的信任與依賴，甚至告訴他人不該共享的資訊，陷自己於險境。

他們這麼做，或許是因爲想要相信自己在這個世界上並不孤單，大家可以一起好好共存。覺得即便自己有點懶惰，也能靠這個方法繼續生存下去吧。

無論是做生意或開公司，絕對不能把競爭者當成朋友。他們是你必須打敗的敵人，這個事實永遠不會改變，也不會有例外。

所以，各位最好隨時提防同業競爭者，盡量避免交流互動。

優先考慮風險管理

新手經商時，喜歡把規模弄得很大。比起內涵，他們更重視外表；相較於管理舊有的事物，他們更喜歡嘗試新事物。

經營公司或做生意的核心，是利潤和風險管理。

兩者之間，新手通常以利潤爲優先。稍微做出一點成績，便開始盲目地擴張或隨便增加額外開支，因此更容易暴露在風險之中。

舉例來說，有個新手開了一家海苔飯捲店，每個月利潤約五百萬韓元。於是，他有了一個想法：

「如果再開一家一樣的店，我就能得到兩倍的利潤了。」

所以他又開了一家海苔飯捲店。

結果呢？

利潤減少，成本卻增加一倍以上。

怎麼會這樣呢？

原因在於管理的分散和局限性。假設經營一家賺五百萬韓元的店鋪，需耗費十分的精力，而他的精力恰好是十分，當他同時經營兩家店時，平均一家店可投入的精力就只剩下五分。沒有足夠的精力經營，利潤自然減少，成本卻不可避地隨著店鋪增加而倍增。

爲了管理新增的人力，產生額外開支；爲了控制額外開支，必須多花精力管理，從而再度需要人力，進入惡性循環。

風險管理是經商時必須考量的重要因素。大部分的人不顧成本，一味追求增加利潤、拓展事業。不僅提高行銷業務比重，還追加產品、菜單，抑或桌數。但行銷業務需要耗費更多精力管理，追加產品、菜單、桌數等也需要額外的空間和費用。最終，成本不斷上升。

每件事都有其風險。

回想一下你的學生時期，功課好的學生會到處補習或請家教嗎？一般來說，功課不好的學生才會到處補習、請家教，或是買各式各樣的參考書。假如是懂得讀書的學生，一定會先善用現有的資源。然而，不會讀書的人往往三心二意，貪圖得到更多、更新的資源。

富者們很早就明白這點，所以總是致力於做好本分，絕不好大喜功。

比如你開了一家海苔飯捲店，就該設法把飯捲做得更美味、更好，而不是在菜單上加入義大利麵。

小規模營業人更要注重風險管理。很多小型店家誤以爲自己賺得少，是因爲規模太小、缺乏商品多樣化。

絕非如此。

事實上，這與規模或多樣化根本無關。低營收或低利潤的原因是，餐點不好吃、沒有特色、缺乏競爭力。

我以前當上班族的時候，回家路上都會經過一家麵店。那家麵店只賣兩樣東西，湯麵和拌麵。

價錢很便宜。當時，一般餐飲平均單價是三千韓元，老闆卻只賣一千五百韓元而已，就算要求加麵也是相同的價錢。

每次下班經過那家店時，客人總是絡繹不絕。我出於好奇嘗鮮了一次，就此成爲常客。

那家店不提供小菜，僅提供主食，一切自助，沒有服務生。年邁的老闆獨自煮好麵後，直接放在桌上，讓客人自己端走。吃完後，自行回收空碗，結帳離開。

我並非特別喜歡吃麵，但那家店的味道眞的很棒。天氣冷的話，我通常會點湯麵來吃。天氣太熱的話，則點拌麵。即使肚子不餓，也覺得很美味。

我後來聽說，那位老闆賺了很多錢，買了很多房子。

來，我們看一下。這是一家只有十張桌子的小麵店。沒有其他店員，老闆一個人負責廚房，可說大幅減少員工管理的相關風險。加上菜單上只有兩樣東西，大幅減少了材料管理的相關風險。說到店租，以當年行情估計，那個小店面，月租應該不到五十萬韓元。

像他這樣，設法降低風險，全心全意鑽研麵的味道，自然能提高收益。

規模小、菜色簡單、沒有員工，假如你見過眞正的富者，你會發現他們其實更常憑藉小生意賺大錢。

把風險管理放在第一位吧。

絕對不要好大喜功，任意增加額外的成本。不管做生意或開公司，都有可能經歷淡旺季，出現衰退或成長。風險是淡季的致命弱點。若是輕易提高成本，等到淡季營收下滑時，你將因爲無法負擔成本而倒閉。

「懷疑和謹慎是安全的父母。」

——班傑明．富蘭克林 Benjamin Franklin（政治家）

筆記一切

富者非常執著於記錄知識，幾乎沒有人不這麼做。

有些富者隨身攜帶小本子，有些富者隨身攜帶日記。儘管記錄方式天差地遠，但全是爲了保存內容。

與此相反，我好像更信任自己的記憶，而不是筆記。我對自己的記憶力嚴重高估，即便別人建議我先筆記下來以免忘掉，我也會自信滿滿地說自己不會忘記這點小事。可是到了必要的時候，卻老是腦海一片空白，徒然浪費時間。

不記錄、光靠記憶的習慣不僅影響日常，也讓我在工作上浪費了許多時間與金錢，甚至錯失機會。

我對多數富者習於筆記這件事感到新奇，於是仔細觀察了一陣子。

究竟他們都記錄什麼，又想保存什麼呢？

最常見的就是「日程」或「要做的事」。

暫停一下，「日程」和「要做的事」有什麼差別呢？

首先，日程是已經確定日期與時間的事情，比如「十號下午三點要和××開會」，列出確切的日期、時間，以及要做的事，一般就稱爲日程。

假如沒有確切的日期、時間，只有事項，比如「我和××有約」，但沒有具體的約定，便是要做的事。

多數富者會明確區分這兩件事，然後筆記下來。這可能是他們在經商時，爲了有效利用時間而養成的習慣。工作效率好的人通常也會這樣，明確區分日程和該做的事，好好記錄、安排。

隨著科技發達，最近已經不需要隨身攜帶紙本筆記了。有人說，傳統紙本方式才是筆記的本質，但我不這麼認爲。他們要不是覺得紙本筆記看起來比較古典、高尚，就是懶得學習使用新科技，才會嚷嚷著傳統方式優於新方法。

寫過筆記的人其實都知道，紙本筆記無論是攜帶、保存、管理，都很不方便。筆記本身不是重點，其主要目的是便於後續確認或處理記錄下來的內容。爲此，攜帶、保存、管理可說非常重要。

然而，紙本筆記無論攜帶、保存、管理都很不方便。想要上廁所時，帶著一本筆記本十分礙手礙腳。出門時，包包也一定要有足夠的空間放置筆記本。寫著筆記的便條紙理應好好保管，但由於體積與分類的問題，到後來往往很難找到它們。想要管理保存下來的筆記，也不是件容易的事。

假設有十本寫滿紀錄的筆記本，想要從中找到需要的筆記將是很大的負擔，這點終將成爲之後確認筆記的絆腳石。

保管十本筆記本也是一大工程。搬家、換辦公室、整理書桌時，往往相當費事。況且過程中如果丟掉任何一件，都會讓先前的努力化爲泡影。

既然這樣，我們應該如何留下紀錄呢？

縱然你習慣在紙上筆記，也要活用智慧型手機，就算打字不順暢也要多練習。

另外，在手機裡安裝日程管理的應用程式。假如你不知道該用哪一種，不妨使用知名入口網站提供的應用程式。記得使用具備同步功能的應用程式，以便隨時在電腦或手機上確認或管理筆記。

以智慧型手機記錄的優點是攜帶、保存、管理，甚或檢索都很便利。很多人會帶手機上廁所，這時如果想起了什麼，便可立即記錄下來。再者，上廁所的時候也能檢視日程。直到睡前手機幾乎不離身的現代習慣，也讓人能夠隨時記錄。

保存也很容易。即便應用程式公司倒閉，多數的程式都可備份，所以只要把內容轉移到其他程式就好。而且電子內容不需要額外的保管空間，倘若搬家、換辦公室、整理書桌都不成問題。再加上程式多會提供檢索功能，隨時都能迅速找到需要的筆記。

除了日程和要做的事，還可以記錄其他東西，像是自己的想法或好點子、計畫、想做的事、想確認的事、想讀的書籍、想學的東西等等。走在路上，突然想到一個好點子時，可以馬上用手機記錄下來。

雖然沒有特別規範寫法，不過建議是旁人也看得懂的程度。這麼說不是叫各位和別人分享內容，而是因爲時常有人草草筆記後，過了一、兩個月，根本看不懂自己當初寫了什麼。

當你認爲有必要時，就要立刻記錄當下的想法。寫什麼都好，反正不是要給別人看的，只要本人之後看得懂就可以。

然後，一定要定期確認，規定自己每星期天都要確認之類。

確認的同時，記得分類這些筆記。

內容日漸增多後，將會呈現出明確的類別，例如工作、人脈、知識、金錢、金融、投資等。請從可明確區分出主題的內容開始做起，比如三十項筆記當中，有十個與工作相關，就可以先區分出一個名爲工作的類別。由於應用程式沒有分類的功能，記錄的時候記得在標題加上「工作」當作索引。之後搜尋時，就能利用這個關鍵字找到所有與工作有關的筆記。

接著，請再重讀一次筆記，當作回顧。單純筆記沒有任何價值，必須經過重新確認，方能體現其價值。**你可以隨時記錄想法，但一定要找時間重新確認。**

這點之所以重要，是因爲它能協助你掌握正確的思考方向。無論做什麼事，最重要的就是找到方向與釐清思路。簡單來說，就是戰略與戰術。

戰略指的是想要實現的遠大目標，戰術則是實現這個目標的方法與技術。戰略與戰術不會一次就結束。在我們檢視、回顧、確認想法的過程中，戰略將變得逐漸明確，戰術則愈來愈多樣化。

舉例來說，你記錄了賺錢的方法。起初，你不過是寫下一些常識，像是把薪水存下來，或是用來買基金、申請定存等。

這可以說是開始有了思考方向。後來，你藉由閱讀，或是聽別人分享，陸續習得以前不知道的賺錢方法，便有了記錄和保存的需求。

靠薪水存下第一桶金後，爲了活用這筆錢，你會開始累積金融知識，接著利用金融知識進行投資……朝著既定方向更進一步。

以這種方式不斷記錄與確認的話，你將想出更好的點子，有效實踐目標。

此外，筆記可以減輕壓力。

何謂壓力？壓力即心理負擔。心理負擔從何而來呢？主要是在我們沒有完成一件事的時候，也就是說，必須完成一件事的壓迫感，往往會演變成壓力。

光是把未完成的事情記錄下來，就能使大腦認定第一階段的工作已經完成。換言之，儘管你沒有完成這件事，只是記錄下來，大腦也會認爲這件事已獲得初步解決。

透過筆記，大腦將能減輕負擔。**別再因為無法立刻完成該做的事而感到沉重，先筆記下來，讓自己從容一點吧。減輕心理負擔後，實踐將變得容易**。

不要小看這種原理。我們可以看到，壓力過大的人幾乎都是活在未竟之事的陰影之中。他們先在不知道該從何著手的情況下，逐漸累積負擔，接著因爲這些負擔，連簡單的事都做不好，持續耽誤工作。最後，再度產生新的壓力，形成惡性循環。

筆記並不是小學生到校必備用品那樣簡單的工具，**它是拓寬思路、擬定方向、能使解決之道更加多元的偉大工具**。

富者們很早就領悟到筆記有多重要，特別是經商的人。透過這個方法，他們得到創新的靈感，並在面對困境時，得以改變思維，克服危機。

「建立自信的方法是留下成功經驗的紀錄。」

——威廉·詹寧斯·布萊恩 William Jennings Bryan（政治家）

撰寫日記

做生意或開公司的人一定要寫日記。看看那些公司吧。規模較大或成長中的公司，多半有專門保管紀錄的空間。

原因是什麼呢？

這是為了減少試錯。

同理，個人也要爲了減少試錯，保管自己的紀錄才行。只靠筆記是不夠的，因爲人是感情的動物，筆記並不會留下情緒或個人的過去，但日記不同。

比方說，你現在碰到一個危機，假設那是個資金問題或人際問題。請試著透過日記寫下自己的看法與當下的感受，以及接下來該執行的方向。無論是什麼看法或感受都好，凡是你想到的、感受到的，全都可以寫下來。

雖說是日記，但也不必每天都寫。假如沒有想寫的內容，不寫也沒關係。不過，若是發生不同以往的事件（例如危機或轉機）時，當天最好要寫日記。

不用特別準備日記本，發電子郵件給自己也是個辦法。必須留意的是，資料如何保存與管理。假如使用紙本筆記，將不利於保管，之後也不好查詢。利用電子郵件的方式，就能輕鬆查詢確認。

你也可以活用部落格的祕密發文功能，或是打造私人社團，並限制他人加入。這樣一來，別人就看不到你的文章，也不必擔心內容外流。提醒各位，請記得關閉社團文章的搜尋功能（雖然多數私人社團的基本設定都已關閉此功能）。

假如活用網路資源，能夠輕鬆管理日記的方法比比皆是，只需從中選擇自己覺得方便、簡單的方法就可以了。

撰寫日記不會馬上改變你，但幾年之後，當你重新回顧自己如何面對反覆出現的危機與轉機時，你將獲得堅定的信念與自信。

舉個做生意的例子。

做生意沒有每天都在過年的，說穿了就是有淡旺季。旺季的確一下子就能賺大錢，但要是誤以爲旺季永遠不會結束，沒有事先做好風險管理，有可能導致淡季出現大幅虧損。有了日記，我們就能從中確認歷史趨勢，避免重蹈覆轍，也就是減少試錯。

單憑減少試錯這點，便可以領先其他競爭者好幾年，甚至幾十年。就算眞的失敗了，也可以獲得東山再起的背景知識。

以下公開幾篇我先前遇上危機時所寫的日記。那是二〇〇八年次貸風暴引發金融危機的時期。

二〇〇八年×月×日

最近營業額明顯下降，令我很擔心。前一、兩年，單日淨利都有數百萬韓元，但現在連營業額都不一定有這個數字。行銷手法明明沒什麼改變的地方，營業額卻逐漸下滑，這陣子更是跌得離譜。過去隨著營業額上升而提高的成本，也很難再調降。

能否重回單日淨利數百萬韓元的時期完全是個未知數。眞是前途渺茫啊。

二○○八年×月×日

今天我把存了三年多的定存解約了。即便尚未到期，但我實在無法支付費用了，只好提前解約。存款金額超過三千八百萬韓元，利息卻不到兩百萬韓元（金融危機時期的利率比現在還高）。儘管如此，還是不夠支付這星期的應付帳款。我的血一天一天流乾。

二○○八年×月×日

廠商這幾天不停催促付款。從上班那刻起，我就一直接到他們的電話，直到下班爲止，什麼事也做不了。如今，我再也找不到藉口應付他們了。早上出門上班變成一件令人害怕的事，好像快撐不下去了。我還能撐多久呢？這場危機眞的有終點嗎？

二○○八年×月×日

我贖回了還在虧錢的基金。那是景氣正好的時候，基於捧場，在銀行買的基金。我從來沒看過它獲利，是個不斷虧錢、補錢的基金。為了補齊帳款，我不得不解約。但就算是這樣，金額連這星期應付帳款的七〇%也不到。到了星期一，又會陷入廠商催繳電話的地獄吧。眞希望白天永遠不會到來。

我把日記寫在私人社團的公布欄裡。內容不長，不帶壓力，僅只簡短寫上幾句。假如發生特殊事件，抑或情緒達到頂點（無論好壞）的時候，我就會把這些想法記錄下來，彷彿向他人傾訴一樣。

雖然只有幾篇，各位看了我的日記，有什麼感想呢？閱讀過程應該很難受吧。我當時確實每天都很憂鬱，看著升起的太陽，就好像看見地獄一樣，總要等到結束所有工作，月亮升起以後，才能感到一絲安慰。

我時常盼望白天不要到來。所有人進入夢鄉的寂靜夜晚，是我唯一的快樂時光，因為那時候不會有催繳電話。

假如我重新讀這些日記，會有什麼想法呢？如果現在碰上危機，我將因此找到希望，安慰自己不會有比當初更慘的時候了。反之，如果現在面對的是轉機呢？這件事將使我變得謙卑，胸懷不再讓自己經歷這種危機的心情，帶著謙虛與眞誠面對世界。

除此之外，日記當中也包含了個人必須學習的事情。像是旺季的時候，如果太過輕率地提高成本，不景氣時將很難減少開銷；或者定存利息其實不多、銀行鼓勵你加入的基金不要買等等，這些都是花錢也買不到的經驗知識。未來再次回顧的時候，這些知識都會成爲很好的學習機會，指引我們走向新的方向。

日記不同於筆記、備忘，它讓我們有機會好好回顧過往的自己與當時的感受，藉此對當下抱持希望和謙遜的心，替未來做好準備，減少試錯。

相較於別人掛在嘴邊的希望，親身經歷的絕望深處的希望，不是更有價値嗎？

提升差異化

這是我和某位富者的對話。

當時，附近開始出現和他銷售相同商品的競爭企業。我問了他：

「老闆！又有企業和您賣相同的東西了，該怎麼辦呢？您要換商品嗎？」

「不用。沒有一模一樣。」

「哪裡沒有？連生產廠商也是同一家啊。」

「不對，不一樣。」

「咦？您到底在說什麼？」

「反正我的東西和他們的就是不一樣。」

我一開始以爲富者在和我開玩笑。銷售的東西分明來自同一個生產廠商，居然說彼此不一樣。難道是因爲競爭者如雨後春筍般出現，他在否定現實嗎？

但不久之後，我終於明白富者為什麼這麼說。

當同業競爭者營業額每況愈下時，那位富者公司的營業額反倒扶搖直上。十分神奇。

按常理來看，多家業者販賣相同的商品，競爭將加劇，導致整體營收下滑。這個結果完全不合常理。

我拜訪了那位富者，向他請教原因：

「發生什麼事了呢？其他公司的營業額不斷減少，都快經營不下去了，為什麼老闆的生意反而愈來愈好呢？」

「因為我和他們不一樣。」

「不是啊，究竟是哪裡不一樣呢？商品不是都一樣嗎？」

「雖然銷售的商品相同，但我賣的是我的品牌。」

這是什麼意思呢？

一般來說，販賣相同的商品，同業將會展開競爭。假設現在賣的是A商品，業者普遍都會採取降價、搭配其他商品銷售或加送贈品等方式，提高自己的競爭力。

可是，那位富者主打的是公司的形象和品牌。

如果單純以商品來比拚，販賣相同商品的所有企業都是競爭對手。但如果賣的是自己的品牌，差異將非常明確，幾乎可說是沒有競爭對手。

那位富者就算和別人賣同一個商品，也比誰都更清楚消費者爲什麼決定買下這個商品、他們購買前有什麼考量、使用時可能出現哪些問題等細節，並針對這些點提供相關解決方案，突顯自己的品牌與競爭對手的差異。

他根據消費者購買商品的原因，提供對應的資訊或專業知識，努力解決他們使用前可能會有的煩惱。另外，他還將解決方案標準化，大大降低消費者使用商品過程中發生問題時的不便性和焦慮感。因此，即便價格稍微比別人貴，大家依然願意購買富者的商品。

以我最常用的海苔飯捲店來打個比方吧。

賣海苔飯捲時，你必須思考消費者爲什麼選擇飯捲，又有哪些考量。

消費者爲什麼選擇飯捲呢？因爲可以用便宜的價格，輕鬆打發一餐。

那考量有哪些呢？由於飯捲講求便宜、方便食用，可能導致營養價值不足，此時，你就應該提升自己與競爭者的差異，解決消費者的煩惱。例如提供不同價位的飯捲，搭配營養成分各異的餡料。這樣一來，你的商品帶給消費者的感受將不同於其他店家，不再是輕鬆打發一餐的飯捲，而是方便、實惠又健康的料理。

當然，現實不一定和我的分析一致，這個範例只是爲了便於理解，即興寫下的說明，還請讀者多包涵。

太陽底下沒有新鮮事，無論商品或點子都一樣，因此競爭日益加劇。想要跨越這個障礙，終究還是要學習那位富者的態度，提升自己與他人的差異。

儘管販賣相同的商品，也要用獨有的細節表現出差異性。

這就是從競爭中脫穎而出的富者所具備的態度。

不可擺架子

說到開公司，大家都會夢想自己得到董事長、執行長等體面的頭銜和禮遇。相較於做生意，開公司聽起來就是比較厲害。

有些人隨身攜帶兩種名片，分別使用於公司和個人，裝得像是什麼了不起的企業家。

收到他們的名片時，往往很難分清楚那是履歷還是名片，上面的職稱多得像是學經歷一樣，如○○代表、○○監事、○○理事、○○委員等等。

他們不和員工們同桌吃飯、要求得到不同的待遇、特意在個別空間辦公。

這都是在擺架子。

成功的富者其實不會這樣。

爲什麼呢？

他們同樣是因爲擺架子，換得幾次失敗後，才有了這樣的體悟。

我年輕時，也曾在做生意的時候擺架子，直到客戶、合作廠商、銀行、房東如鬣狗般群起圍攻，我才看清現實。

「老闆生意做得這麼大，不該買幾份保單或基金，讓銀行肯定您的貢獻嗎？」

「老闆應該要顧點面子吧。再繼續殺價的話，你的面子會掛不住的。」

員工們不滿的事也很多。

「老闆戴名錶、開進口車，我們怎麼都沒加薪？」

如果公司是大企業，員工當然接受董事長或執行長與自己的差別，因爲他們知道從員工的位置爬到最高位的門檻有多高。不過，中小企業的員工並不會接受老闆與自己有太大的差別，只會當作那是老闆剝削自己之後獲得的利益。

到頭來，擺架子完全沒有好處。

雖然有人說，維持體面是爲了做點樣子給別人看。但經驗告訴我，合約絕對不會因爲這些外在因素變得有利。

就算只是簽個租車合約，如果承租人看起來很有錢，出租者便會設法提高月租。反過來說，如果出租者看起來很有錢，承租人就會想辦法殺價，這是人之常情。換言之，外界只會依你的外表要求讓步。

無論如何，身爲老闆必然不會放任自己成爲一個不修邊幅的人，所以也不必特意打扮得像個大企業老闆。

絕對沒有必要因爲面子問題，在人或空間上花費過多的金錢。

因爲擺架子而一敗塗地，不過是彈指之間。

認眞努力工作，好歹能提高一點營業額。然而，成本一旦增加，再怎麼努力也很難恢復原本的水準。

如果想要親身感受我說的這點，不妨試著把這個月的信用卡費砍半。這絕對不容易。擺架子、擺闊不能降低成本，只會讓一切變成一場空。

絕對不要擺架子。有那種心思或資金，不如用來研究怎麼做生意或開公司，或者拿去投放廣告。

那才是成功富者應有的態度。

CHAPTER 6

對待關係的態度

富者不會害怕寂寞

「孤獨是種力量，依靠群眾是個弱點。
需要群眾的人，讓自己變得比想像中更孤獨。」

——保羅．布魯頓Paul Brunton

（哲學家）

人際關係很單純

富者們看待人際關係時，有幾個共同態度。人們普遍認為廣結善緣才會成功，我認識的富者們卻不是這樣，反而很多都是邊緣人。

我也曾對此產生懷疑。因為很多自我開發的書籍或文章中，都把人脈和成功畫上等號。但事實上，需要人脈的只有職場，比如轉職、升遷，或者談生意（這裡指的是組織之間的交易）等情況。對於個人來說，人脈關係其實更像成功的絆腳石，而不是助力。

假設你正為了取得成功而努力，無論是做生意或投資都好，如果你有很多朋友，那你邁向成功的過程中，將會因為這些朋友出現很多變數。

原因在於，管理人脈必須花時間，這將使你難以專注於追求成功。更何況，成功並非一蹴可幾。大成功源自許多小成功，每當你實現這些小成功時，朋友們就會對你提出各種要求。

也就是說，當你有點成績時，人脈便會來找你分享成功的果實：

「你最近好像滿成功的，幫我賣一下我們公司的產品吧。」

「聽說你最近賺很大，買一張保單吧。」

「聽說你事業有成，借我一點錢吧。」

以這種方式持續提出不合理的要求。沒有碰過這種情況的人有可能會想，這種事拒絕不就好了，怎麼連這點決心都沒有。可是，想要推辭眞的不簡單。

你看過跪在你面前說要借錢的人嗎？你有辦法拒絕在地上苦苦哀求，說你不借錢給他，他就要死掉的人嗎？朋友或熟人來找你，說他最近剛生小孩，但生計有點困難，想請你買張保單，你有辦法說你不需要，直接拒絕他嗎？

你或許會想，那就姑且幫他一次吧。然而，想法和現實往往不同。假如一次就能結束，當然不成問題。但讓步一次後，總有第二次、第三次……很可能到了第八次，你們就一起陣亡了。

有個人姑且叫他A吧。A白手起家，擁有許多財產，他的兄弟時常找他借錢，不只是小孩的註冊費，就連結婚基金也是。A實在無法拒絕自己的兄弟，所以借了一點錢給他們。從此之後，其他家人也開始不停找上他。要是拒絕他們的話，要求就會變得更強硬，宛如不借錢給他們，世界就要迎來末日。

出於無奈，A不得不伸出援手，最終甚至爲此申請抵押貸款。可是，經濟突然變得不景氣，以至於他現金周轉不靈，只好增貸苦撐。

其他兄弟同樣因爲不景氣陷入困境，開始向A借更多錢。貸款像雪球一樣愈滾愈大，到最後，A連利息都付不出來，家產全被銀行法拍。

這個故事太極端了嗎？這是發生在我身邊的眞實故事。

美國有句諺語說：「百萬富翁的親戚最窮。」

這句諺語的意思是，自己不賺錢，只知道靠別人的人最窮。理由是，當你依賴了一次以後，就會想要繼續依賴下去。等到找不到人依賴的時候，必然會崩潰。

我看過很多自己過得很好，卻因爲複雜的人際關係而身陷險境、遭遇變數，阻礙成功的例子。

富者們早就根據過往經驗，捨去不必要的人脈，保持著乾淨簡單的人際關係。

有同事，沒朋友

經歷做生意、開公司、投資實戰後，我發現世事往往和一般認知南轅北轍，尤其人際關係更是如此。

時常聽到「想要成功的話，一定要有好的人際關係」「成功講求人脈」「必須好好管理人脈」的說法，彷彿人脈等同成功一樣，但現實完全相反。

經營各種人脈與人際關係，唯有在職場升遷或轉職的時候派得上用場，但那也不過是一點微薄的助力罷了。

現實中，人脈對成功毫無幫助，帶來的只有災難。**成功僅可透過孤獨實現，這是不變的真理**。從未有過許多人一起成功的事例。

我年輕的時候，曾經做過一個小生意。那時候，我沒有太多經驗，總是在挫折中學習。基於人脈就是成功的觀點，我加入了很多社團與協會。

不過，加入愈來愈多社團後，問題逐漸浮現。強制參加的聚會日漸增多，必須注意的事也變多了。我非但沒有獲得幫助，時不時還要義務捐款或協助。

不僅必須出席每週聚會，還要爲此事前準備，在非自願的情況下與其他會員維持友善關係、提供幫助等等，做些對我而言毫無必要的事情。

我當時想，如果我一直出席、幫助大家，說不定哪天我也能受到幫助，所以持續默默忍耐，堅持參與每場聚會。最終，我得到的只有對於人性的懷疑。

舉些例子吧。

那些人打著主辦人或常委的名號，強迫成員參加聚會，抑或半強迫地要求繳交會費、購買他們的商品。

「主辦人這次進口了新商品。初期銷量很重要，請每位會員務必積極參與。」

我以爲我的商品也會得到同樣的協助，所以很認眞配合。但當我提出需求時，卻總是得到「再等一下」「還沒輪到你」「再忍耐一陣子吧」的回覆。

長期下來，接受幫忙的都是主辦人與幾位常委們，一般會員只不過來當陪襯或湊人數而已。本來以爲耐心等待總會輪到自己，那一天卻一直沒有到來，得到好處的永遠是主辦人與常委。

後來我才知道，這種社團成立的目的，大部分（也可以說是全部）是爲了主辦人與常委的直銷生意。以看似能夠得到幫助這點，吸引需要幫忙的人入會，然後反過來要求你配合他們，爲自己謀取利益。

經驗不足的新手們以爲這是同業合作，相信機會總有一天到來，卻從未輪到自己。他們只會不斷遭人利用，直到厭倦一切，自行離開。然而，世界上多的是愚蠢之人可以塡補他們留下來的位置。

故事有點偏激嗎？

怎麼會呢。

人本來就是自私的動物。爲了自身利益而犧牲他人，厚臉皮地要求別人，這才是人類的本性。

富者們早就明白這個道理，所以才會沒有朋友。算得上朋友的，只有學生時代就結識，和自己毫無利益關係，可以一起玩得很開心的那些人。

有些人誤以爲踏入社會後，交一些朋友，可以讓自己不那麼孤單，同時一起創造雙贏。可是利益關係中，雙贏是不存在的。在社會關係裡，一個人的利益就是另一個人的損失，沒有所謂的雙贏。說要和你一起追求雙贏的人，心裡盤算的是「你死我活」。

那麼，與工作無關的私交呢？

大同小異。

在社會關係裡，往往存在著利害關係。學生時期，彼此之間無所求，自然可以當朋友，但踏入社會後，難免會起貪念，互相計較。

每天都要維持生計，下個月要繳卡費，還要設法填飽肚子。有了這些利害關係，還能毫無心機地以朋友的名義維持關係嗎？

舉個例子，有個與此相關的研究實驗。

實驗規則是這樣的：如果受試者接受提案，受試者和身邊的人都能拿到錢。但要是拒絕的話，受試者和身邊的人都拿不到錢。身邊的人可能是不認識的人，也可能是朋友或男女朋友。

提案有兩種：

一、受試者拿一百美金，身邊的人也拿一百美金。
二、受試者拿五十美金，身邊的人則拿兩百美金。
無論是第一個或第二個提案，受試者都能依照自己的決定，拿到既定的金額。對受試者來說，就是個免費賺錢的機會。
不過，即使是同一個受試者，接受提案與否，仍因條件而異。大部分的人都不接受第二個提案。他們對於別人獲得的金額比自己更多這件事感到不公，所以拒絕這個提案。
人類通常抱持著自私的心態。
假設你的朋友中了彩券，你會有什麼反應呢？覺得他做得很好，送上喝采嗎？多數人不是要求朋友請客，就是要求朋友分一杯羹。
自私的心態致使社會關係裡不存在所謂的朋友。
當你成功時，朋友們就會厚臉皮地要求你分享成果，哪怕是你獨自取得的成功。倘若你不和他們分享，他們就會指責你是自私、貪婪的人，應該與大家共好，而不是活得像小氣鬼一樣。

反之，朋友成功時也一樣。獨自取得的成功，絕對不會輕易與他人分享。

在這種不合理的關係中，終究會有人因爲善意而受傷。

那個人是誰？

就是善良的你。

富者們早就領悟或者經歷過這些不合理，所以不交朋友。仔細觀察那些宣稱朋友重於一切的人，他們如果不是想透過朋友關係謀利的業務員，就是不願付出、只想坐享其成的人。

邁向成功的過程中，朋友反而是種風險。朋友愈多，成功離你愈遠。

既然如此，成功以後呢？成爲擁有時間、資本、關係自由的富者以後，該怎麼做呢？

富者比任何人都了解人際關係的原理，所以不會帶給他人傷害。他們奉行個人主義，以尊重他人的態度，建立沒有負擔的人際關係，更不會打著朋友的名號謀取利益。

俗話說：「米缸滿，人心善。」

只有足夠從容，才能保持彼此的安全距離，篤守信義。

在成為富者的道路上，不要執著於人脈或朋友。

正如獨自用功念書的學生能夠得第一，實現成功也不一定需要朋友。朋友愈多，風險愈大，成就一件事的時間也會愈來愈不夠用。千萬不要太過自信，覺得我說的不對，自認同心協力也可以取得成功。我年輕時，就是那樣自以爲是地相信別人、重視義氣，結果換來了好幾次慘痛經驗。

「我不曾與胸無點墨的無知者來往。」

——伽利略．伽利萊Galileo Galilei（物理學家）

努力和他人產生共鳴

同理心是富者普遍擁有的態度，也是人際關係中非常重要的態度，堪稱不可或缺。

同理心既是賺錢的能力，也是理解、接納他人，使自己成長的泉源。

貧者大多無法換位思考。雖然他們的自私源自於本身米缸空可見底，根本沒有時間顧及他人，但絕大多數的貧者都不能同理他人，甚或不曾想過要和他人產生共鳴。

反之，富者能夠充分換位思考，理解他人的立場與想法。

來舉個例子吧。

聽到別人說自己喜歡黑色衣服時，貧者會這麼說：

「我實在不能理解爲什麼有人喜歡黑色衣服。到底爲什麼喜歡黑色啊？」

但富者會這麼說：

「人們之所以喜歡黑色衣服，應該是沾到髒污時看不出來，而且很百搭吧。」

假如貧者和富者要做生意，誰會做得比較好呢？

當然是富者。

貧者因爲不知道別人喜歡什麼，無法和他人產生共鳴，就算認識很多人，關係也不會太深厚。他們建立人脈的目的是替自己謀利，或者在未來得到幫助。即便自己也能創造機會，他們更傾向找別人要。

帶有目的，爲了得到幫助才建立關係的人，很難從別人身上得到機會，特別是那些無法和他人產生共鳴，一心只爲私利的人，更是如此。

大家知道個人主義和利己主義的差別嗎？

個人主義重視自己，也重視別人；但利己主義只重視自己。

富者多是個人主義者；相對而言，貧者多是利己主義者。因爲自私，他們不能同理他人，因爲自私，他們只好依賴別人。

無論是做生意、開公司，甚至是在職場，他們都很自私。他們仰賴小利益續命，而不追求大機會。

貧者做生意時，不會站在客人的立場思考。

「最近的客人太精明了。東西稍微貴一點，他們就不買了。網路購物正在毀掉我的生意。」

嘴巴上這麼說，他自己也在網路上購買物美價廉的產品。

本性使然，自私的人一開始就限制了自己思考的方向，所以很難成功。

建立關係時，務必牢記這點。

你未必要成為利他主義者，但要當個人主義者，把他人看得和自己一樣重要。

自私的人，表面上似乎很善於爲自己謀利，但其實只懂得以微利苟延殘喘，並不能抓住更大的機會，因此不能成爲富者。

無論是職場、做生意、開公司，致富的終點站都是投資。**投資必備的態度正是同理心**。

打個不動產投資的比方。自私的人通常會投資自己喜歡的不動產，例如喜歡大自然的人，會投資山腳下的不動產；喜歡散步的人，則投資公園附近的不動產。

如果因為喜歡山林而投資山腳下的不動產，要脫手時，買家也只有喜歡山林的人。究竟那樣的人會有幾個呢？

到頭來，不管金額多寡，他們都無法做好管理或增值。因為投資的重點是，買得好，不如賣得巧。

此外，缺乏同理心的人偏好投資看起來有利的物品。換句話說，他們只看收益率。投資時，收益率固然重要，但實現收益率的器度（實力或能力）更重要。

假設今天你聽信他人所言，投資了一個投入一億韓元，可以得到三〇％以上收益的商品。基於缺乏同理心、依賴他人的性格，你不會自己額外做功課。因為你只顧私利，所以很容易相信別人。假如懂得同理他人，站在他人的角度思考，這時就會識破別人欺騙自己的事實。

然而，由於你不能同理他人，自然沒有識破別人正在欺騙自己。於是，你輕而易舉地相信了投入一億韓元，可以得到三〇％以上收益這句話。最後，別說拿回三〇％的收益了，甚至年年倒賠三〇％。

遭受合法詐欺的人，時常是因為缺乏同理心。因為自私，所以只看到利益，根本沒想過別人會欺騙自己。

既然如此，該如何提升同理心呢？

請參考第二章〈培養同理心〉一節。

成爲富者的人，建立人際關係時，總是先想到「施」，而不是「受」。這種思路能夠成爲同理他人的力量，在賺錢的時候擁有更強的競爭力。畢竟賺錢這回事，就是提供他人需要的服務或物品後所得到的代價。

與他人來往時，務必先理解對方的立場。關係本身並不能帶給你利益，因爲他人也是爲了得到好處才與你來往，一不小心就會反遭利用。

人際關係不會帶來利益，只會帶給你邁向成功的機會。

若是想要透過關係得到機會，必須先學會和他人產生共鳴。

不因有趣而建立關係

一般人建立關係時，重視的是情感，但富者更重視學習。重視情感的聚會，多半是興趣和娛樂取向，建立關係是爲了一起吃喝玩樂。然而，富者們看重的是學習，他們只和價値觀相同、目標與方向一致的人來往，互相學習砥礪。

富者的聚會並非完全與樂趣無關。成爲富者後，生活變得相對寬裕，當然偶爾也會因爲興趣愛好相聚。只不過，在成爲富者的過程中，他們會徹底排除消遣性的聚會。

電視劇裡展現的富者樣貌，通常是上流階層奢侈、炫富或頹廢的社交活動。但事實並非如此。以我的實際經驗，出席那種場合的大多是富者的後代、暴發戶，以及想要成爲富者的人。

這些人不是沒有自己賺過一毛錢，就是利用偶然賺來的大錢炫耀自己，裝成有錢人的樣子。

白手起家的眞富者不會出席那種場合，因爲他們是靠自己的力量致富成功，所以絕對不會用金錢建立自尊。從金錢得到自尊的人，莫不是沒有錢，就是年輕時有幸碰過大錢，或是擁有別人財富的人。

大部分的富者都奉行徹底的個人主義，尊重自己，也尊重他人。因此，他們與人來往的目的不是炫耀、樂趣、娛樂，而是互助學習。起初，沒有人告訴他們該這麼做，這是他們從經驗中學到的教訓。

富者們就連同學會也不常參加。有時候的確是工作太忙，但眞正的原因是沒有意義。就算偶爾有成功者參加同學會，也不會有下一次，因爲他們會收到各種請託。

既然如此，有錢的人（不是富者）爲何參加同學會呢？他們的目的在於做生意或有政治目的。

富者們爲什麼不建立興趣取向的關係呢？

金錢這種東西，初期必須花很多時間爭取，後期則要花很多時間管理。富者們每天忙於管理賺來的錢、累積各種知識，哪有時間為了單純的興趣和娛樂與人來往？

這麼說來，富者們都不娛樂，只顧著賺錢嗎？不是的。如同前述，富者都是個人主義者，所以懂得互相尊重，相處自然融洽。他們追求的是學習的樂趣，而不是為了好玩。

平等的關係可以細水長流，失衡的關係卻難以長遠。想像一下，有個朋友每次見面的時候都對你予取予求。站在朋友的立場，和你見面等同不用花錢，就能坐享其成，他當然會想見你。但是站在你的立場，恐怕根本不想和他有交集。

同理可證。失衡的關係不能讓彼此成長，也無法經由對方的表現或態度學到任何東西。只會搶著成為接受的一方，逃避成為付出的另一方，這種關係對彼此毫無助益，絕對不會長遠。

想要成功的話，最好重新思考那些以情感建立的關係，就算是你單方面接受幫助的關係也一樣。那種關係將使你無法獨立，害你日益依賴他人。

絕對不要與人合夥

無論深交、淺交，合夥的誘惑總是從不間斷。甚至連上班族都會因爲想辭職的心態，向人提出合夥建議或接受他人的合夥提議。

不過，有時就算靠合夥賺了錢，仍會遭遇失敗。主因是合夥人的背叛。

富者們熟知賺錢的方法，多半能重振旗鼓，但背叛造成的失敗，將留下超越想像的嚴重後遺症。就像小創傷會留下傷疤一樣，這種後遺症也會留下巨大的精神創傷。

這點不管第三者解釋得多詳細，聽者都很難產生共鳴。雖然經驗很重要，但夠聰明的話，遭受合夥人背叛而失敗的事情還是能免則免。

背叛的起點是合夥。再怎麼合得來，如果有一方全然犧牲，合夥的終點仍是背叛。儘管如此，認爲與其獨自努力，幾個人一起合作更有依靠、也不孤單的錯覺，還是令人毅然選擇了合夥。

合夥不限於做生意或開公司，幾個人湊錢投資（常稱爲共同投資）亦屬之。

合夥的終點爲什麼是背叛呢？

這歸咎於人類本性中的自私與欲望。

打個比方，A和B攜手合作，他們當中必定有一方付出更多，畢竟每個人的能力很難百分百相同。假設實際上A做得比較多，B出於自私，絕對不會承認這件事。由於自私，人們更常以自己的標準思考，而不是他人的標準，所以B還會覺得自己做得更多，A將因此心生不滿。

接著，合夥開始失利，出現虧損，愈來愈賠錢。這種時候，A會認爲自己做得比較多，B應該承擔更多損失；但B的想法是雙方既然合夥，虧損也要各分一半。利害衝突之下，勢必讓其中一人選擇背叛（不管是A或B）。因爲無法達成協議，便決定欺騙另一方，以免承擔更多的損失。

要是合夥順利呢？A會認爲自己做得比較多，應該比B得到更多的獲利。但B的想法會是雙方既然合夥，獲利理應各分一半。利害衝突之下，開始有人盜取公共基金，最終導致合作破局。

那如果在一開始就明確分配工作呢？也就是事先約法三章呢？沒有用的，一定會有人違反諾言。因爲人類是會爲了個人利益或損失規避，本能地違背約定或說謊的動物。

此外，合夥難以成功的另一個原因是，多數人其實都是外行。A或B當中，如果其中一方清楚了解這個事業，便沒有必要和另一方合作，因爲一個人也能辦到。

A和B之所以合作，就是因爲兩人都不太懂這個事業，對於未來感到茫然、恐懼，才會選擇這麼做。這樣的兩人攜手合作，只會互推責任。假如事業不順利，就會彼此指責。要是運氣好，有不錯的發展時，則認爲一切多虧了自己。

不只做生意或開公司，投資也一樣。由於投資金額龐大，好幾個人共同出資的情況，成功的案例也不到一％。

你覺得聽起來很誇張嗎？

最好的領悟方式就是親自試試看。不過，等到你理解我所說的話時，恐怕情勢已經難以挽回。

成功的富者不一定沒有合夥的經驗。他們也曾經歷新手時期，從中實現某些成就，最終迎來成功。有了那些經驗基礎，他們絕對不會與人合夥。

這早已是富者們的經驗法則。千萬不要以爲自己比他們優秀，就能創造出相反的結果。

合夥失敗與彩券損龜不同，不是賠個幾千韓元就能了結的小事。想要戰勝失敗的天眞熱情，只會帶來挫折與絕望。

絕對不要與人合夥。

不同於合夥，保有上下關係的組織倒無所謂。但是，朋友、同事、不認識的人之間想必會爭著當老大。畢竟是共同開創的事業，誰想要當下屬？

不是嗎？

再次強調，絕對不要與人合夥。

就算獨自一人很辛苦、起步很緩慢，也寧可靠自己，或者聘請員工幫忙。那才是成功之道。

說成這樣，你還是覺得合夥可能成功嗎？

比起合夥獲得成功，和朋友攜手考上名校同一科系的機率更高。

辭職後，必須改變彼此的關係

誠如前述，富者有很多種，邊上班邊致富，抑或經商致富，成爲富者的途徑不勝枚舉。我再強調一遍，現在做什麼並不重要，所謂的工作只是邁向成功的墊腳石。最終目標是藉由投資，成爲一個享受悠哉的富者。

偶爾會有人想要逆向操作，也就是說，想直接靠投資成爲富者。這是非常不理智的行爲，認爲可行的想法本身就是個謬誤。選擇先投資、不工作，絕對無法成爲富者。在沒有墊腳石的情況下渡江，簡直是不知死活。

假如你是邊上班邊致富的人，當你辭職後，必須切斷既有的社交互動，重新整理人際關係。雖然看似冷酷無情，卻是現實。

或許有人會說，人際關係不能如此處理。這麼說的人，多半不是富者。他們僅以理論和理想看待世人，重視人際關係，注重信義與待人處世。

不過，奉勸各位最好趁早清醒，現實中絕不會有如此理想的信義與友誼。亦或許有人會說，與其這樣獨行無情，一個人走向成功，倒不如不要成功。

這也是天大的誤解。

每個人都想成功，但成功的位置畢竟有限。由於位置有限，難以讓所有的人平等入座。人際關係也是如此，當你好不容易熬過職場生活，透過投資賺錢，坐上成功的位置，羨慕、覬覦這個位置的前同事便會出現，隨時要你分享獨有的成功祕訣，對你的成功虎視眈眈、嫉妒猜疑。

倘若如此，不能保持距離就好嗎？

不能。爲什麼呢？假如前同事很討厭現在的工作，想盡快離開公司，看到身邊的你取得了成功。如果是你，會怎麼做呢？說難聽一點，如果離開公司也不會影響生計的話，應該連靈魂都可以出賣吧？

他們之中說不定有人看到你成功的樣子，便跟著理直氣壯地離開公司，這種人的成功機率近乎於零。你說有人成功了？那只是電視劇的情節，現實才不會像電視劇結局一樣，只有理想與快樂。

不掂掂自己的斤兩，只知盲從他人，絕對不會成功。

這些失敗的人會去找誰？正是成功的你。要是可以挽回失敗、死灰復燃，肯定不停纏著你，吵著自己願意成爲你的僕人。

既然成功了，幫助他們不也無妨？出於不成熟的想法和經驗，你可能會誤以爲這是可行的。

還記得「百萬富翁的親戚最窮」這句諺語嗎？不是自己取得的成功，或是靠別人實現的成功，有如沙堡，隨時可能崩塌。當然，縱使你不直接出手相助，也可以間接地修正他的態度。可是，對於眼前生計已成問題的人來說，他們迫切需要的是一筆生活費，而非態度或心態，因此很難有所改變。

離職後，切斷前職場的人脈與關係，並不是冷酷無情的待人之道。對彼此來說，這反而是合理的舉動。你大可不必讓好好上班的人心猿意馬，前同事也無須抓住成功的你，製造你的麻煩。

每個人都有自己的聯賽，一旦坐上成功的位置，成功者之間將形成新的人脈。換句話說，過去的關係不應該成為枷鎖，對彼此造成傷害。

CHAPTER 7

對待金錢的態度

富者不會小看金錢

「金錢是力量、自由、緩衝、萬惡的根源。
同時，也是最大的幸福。」

——卡爾．桑德堡 Carl Sandburg
（詩人）

不用錢的最貴

富者們擁有共同的金錢觀與價值觀，讓我們透過這一章，好好學習他們的態度吧。富者的三大條件（時間、人際、金錢）中，金錢是最直接的一環。

本章將探討富者怎麼看待金錢、如何累積財富，希望讀者能藉此學會正確的金錢觀與理財態度。

富者們都知道，不用錢的最貴。

彼此不是特別的關係，卻接受別人請客或餽贈，就形同貸款。借來的東西總有一天要還，接受請客或餽贈終究要付出更多代價。

富者早已體悟這個原理，所以覺得不用錢的最貴。

假如你今天是個生意人，對你有所求的廠商通常會邀你吃飯、喝酒。世上絕對沒有無事獻殷勤的人，創業新手不明就裡，以為只是普通的飯局，便毫不遲疑地接受款待。之後，當廠商私下要求某些事時，開口拒絕就變得困難，就算條件對自己不利，也難以說不。

舉例來說，原物料本來是一萬韓元，但廠商想漲到一萬一千韓元，如果你不曾拿過任何好處，就能爽快地另尋開價一萬韓元的廠商合作，心安理得。反正雙方交易本來就是互利關係，根本不成問題。

然而，如果你接受過廠商的款待，在年節收過各種禮物，當廠商想漲到一萬一千韓元時，你卻說要找其他廠商合作，事情會如何發展呢？

你將成爲一個無視人情、不講信義、沒有商業道德的人。

「夥伴之間只有這樣嗎？我也要生活耶。漲個一千，你就要換廠商？也太沒有商業道德了吧？」

對方可能會這麼說。

更嚴重的狀況是，對方瘋狂咒罵你只知白吃白喝、背信忘義，完全是個機會主義者等等。

接下來，你的壞名聲將在廠商的關係企業間廣爲流傳。

「那家公司簡直是流氓啊。之前以生意爲誘餌，強迫我們請客。結果，我們因爲成本和人事費用增加，不得不漲價，他就直接斷絕生意往來，吃乾抹淨，就拍拍屁股走人。您絕對不能和那種流氓公司做生意，說不定哪天也會被他擺一道，千萬要小心啊。」

你曾要求他請客嗎？那全是廠商自願買單。可是，當情況對他們不利時，廠商就會拿出證據（宴請證據等）拼湊故事，僞裝出一副正人君子的樣子。

要是你沒接受過款待，還有反駁的餘地，甚至能反過來攻擊散布謠言的廠商。但如果你接受過款待的話，將會百口莫辯。

即使有人幫你說話：「那家公司不會這樣，請不要隨便散布謠言。」

廠商也會拿出證據，告訴他：「請看看，這是當時我們一起吃飯的收據。他們人前是一套，人後又是另一套啊！」

我說的故事看起來很誇張嗎？

之所以產生這種感覺，是因爲待在公司保護傘下的你，接觸到的只有電視劇中的現實。眞實世界的現實比電視劇更加殘酷。

你以爲只要認眞做生意，顧客就會主動上門買東西、吃飯、付錢了嗎？在你的想像中，好好做生意就能每天晚上數著工作賺來的錢嗎？這樣想的話，你眞的是不食人間煙火，那些樣子不過是電視劇裡的情節罷了。

倘若某個人和你沒有特殊關係，卻要無償請客或餽贈的話，千萬別接受。如果你曾幫助過他，倒還說得過去，如果不是的話，絕對不能接受。**不用錢的事物，到最後只會成為抓住你的誘餌，或是把你拖下水**。

尤其是身爲上班族時，以買方的立場，從公司的合作廠商（下游廠商）獲得各種年節朝貢的人，他們時常在做生意、開公司時，仍未捨棄這種習慣。誤以爲自己眞的身分特殊，就大方接受別人的免費招待或禮物，而後爲此付出慘痛代價的人比比皆是。

我看過許多熱情接受不必要的貸款（不用錢的款待）後，無法拒絕他人的請求，甚或慘遭詐欺的例子。

追根究柢，不用錢的代價最高。

富者早已走過這些路，所以絕不樂於此道。

先學會如何花錢

大家時常誤解，懂得賺錢就能成爲富者。這其實是錯誤的觀點。

把水倒進水缸前，你應該先觀察缸底有沒有破洞。因爲不管倒多少水，破洞的水缸永遠裝不滿。

很多人忽略了這點，誤以爲錢就是一切，賺了很多錢，也沒有成爲富者。不理智的花錢方式，有如喝鹽水，愈喝愈渴，令人想要喝更多。

既然如此，我們該如何理智地花錢呢？

原則和目的必須明確。

換言之，**你必須樹立原則，規定自己的開銷不可大於收入，而且要明確交代花錢的目的。**

比方說，月收入一百萬韓元的你，經過百貨公司時，看到了一件原價二十萬的衣服正在半價促銷，明明不需要，卻突然買下來的話，便是違背原則。**便宜不等於必要**。

再舉個例子，你在超市購物車中裝滿熟食小菜，然後申請三個月分期付款，這也是違反原則的行爲。畢竟熟食小菜不能吃三個月。

借錢買皮包、車子，或者去旅行，都不是理智的花錢方式。

錢花得愈多，愈覺得貧乏，從而想要花更多錢。

假如只是因爲半價促銷，就衝動買下那件衣服，你也不會太常穿它。爲什麼呢？衣服打折通常是爲了清庫存，相較於生產，物流和保管費用其實更高。如果不及時出售，等到款式不再流行，將更難賣掉，成本（人事、管理、保管費用等）也會加倍成長。

廠商爲了快點賣掉那些人氣不高、賣得不好的衣服，寧可打折出售。那種衣服再便宜，你也不會常穿。俗話說：「便宜沒好貨。」那件衣服最終恐怕只會被你收在衣櫃裡面，根本不會拿出來穿。

另外，月入百萬韓元時，治裝費不該超過薪水的百分之十。畢竟新衣服不能用來維生，你還要支付生活費、交通費、伙食費、稅金、房租或房貸、美容保養等各種開銷。

不必合理化自己的購買行為，辯解上次買衣服已經是好幾個月以前的事，那不過是在找藉口。到了下個月，你依舊會找其他藉口。到了下下個月，依然如故。這種壞習慣終將造成過度消費，讓你老是煩惱卡債和帳單。

超額的保費、定期儲蓄、基金也一樣。

你必須先懂得控制支出。

支出可以分成兩大類：

第一種是「固定支出」，也就是每個月的定期支出，像是稅金、交通費、房租或房貸、伙食費、管理費、保費、定期儲蓄、基金等。固定支出須盡量控制在月所得的五〇%以內。假如你不知道哪些屬於固定支出，可以試著檢視每個月的開銷項目，連續出現三個月以上的，便屬於固定支出。

你可以利用智慧型手機的自動記帳應用程式，或者下載網路銀行交易明細，把它整理成Excel檔案，以便記錄、統整每個月的支出明細。

不需要鉅細靡遺地寫下每樣東西的價格。以前是因爲沒事做，才會連豆芽菜的價格都寫在記帳本上。現代社會中，大家要做的事何其多，坐在桌子前記錄豆芽菜價格，實在太沒效率了。

自動記帳應用程式能夠自動幫你統計信用卡費，你可以利用它查看支出明細，也可以將內容全數轉存 Excel 檔案。與此同時，你也可以利用網路銀行確認帳戶往來明細，再轉存到 Excel 檔案。如果好好活用這兩種方式，無需一一記帳，就能查看詳細的月支出狀況。

確認支出項目後，如果你的月收入是一百萬韓元，固定支出卻有八十萬，就要想辦法把固定支出縮減成月收入的一半，也就是五十萬。最簡單的方法就是減少與生計無關的開銷，比如保費、基金、定期儲蓄等。

捨不得已經繳納的費用，選擇繼續苦撐，是很不智的行爲。這是所謂的沉沒成本效應，是一種捨不得迄今付出的努力，寧願承受後續損失的現象。

儘管表面上看似賺更多的錢就能解決問題，但在這種態度下，其實不管賺多少錢，固定支出都會跟著增加。

除此之外，假如固定支出中，交通費占了很大的比例，你千萬不要去買腳踏車，荒謬地說那是減少交通費的方法。那麼做的目的絕不是爲了減少交通費，只是想找藉口買腳踏車。

購物時，切記不要使用信用卡分期零利率。十二期的信用卡分期，形同你借了十二個月的短期貸款。大部分使用分期零利率的商品，其實都是生活中可有可無的東西。況且，零利率只是行銷話術，商品價格中早已包含分期手續費，當你買下那些商品的同時，已經花了更多的錢。

第二種是「消費支出」。會計術語中，固定支出的反義詞是「變動支出」，意即浮動的支出。我做生意時，帳簿寫的是固定支出和消費支出。爲了方便起見，後面就統稱消費支出吧。畢竟會計術語說的變動支出較不直觀，不易理解。

消費支出指的是不定期支出的變動成本，像是禮物、紅白喜事、治裝、美容美髮、不定期稅金、生活用品費用等。簡單來說，固定支出以外的開銷都是消費支出。

節省消費支出比固定支出更容易。使用信用卡和轉帳，我們就能隨時確認支出。舉例來說，假如你有下載自動記帳應用程式，便能隨時確認信用卡累計金額或帳戶餘額，調整自己的開銷。

請一邊控制這兩種支出，一邊試算每個月的平均支出。期間愈長愈好，因爲每一季的開銷有可能不同，例如春天和秋天的紅白喜事費用通常比較多。

計算出每月平均支出後，請試著以三個月、六個月、九個月爲間隔，提高每段期間的帳戶餘額。

舉例來說，假設你的每月平均支出是一百萬韓元，從控制支出的那天起算，三個月之後的帳戶餘額必須是三百萬韓元，再來是六百萬韓元、九百萬韓元……以此類推。持續堅持這種習慣，你將能好好控制支出。

等你學會控制支出，也就是學會花錢以後，不管做什麼都能存到錢。

有些做生意的人將公司的錢和私人的錢混爲一談，這也是錯誤的管理方式。請明訂自己的月薪，定期從公司領薪水，另外計算公司的損益。

若是公帳呈現赤字，你必須找出控制公司固定支出與消費支出的方法。如果持續虧損，就要盡快找出其他方法（結束營業等），適時做出抉擇，才是明智之舉。

新手總是把做生意想得太簡單，就算赤字逐漸擴大，依舊茫然待在原地，期待利益出現。那可是個無底深淵。

遇到這種情況時，建議各位仔細閱讀第五章「經商的態度」，做好重新出發的準備。要是不先做好準備，賠錢也硬撐下去，赤字恐怕會持續惡化，甚至轉嫁到家人身上。

「天下沒有白吃的午餐。」

——米爾頓．傅利曼 Milton Friedman（經濟學家）

勞動所得是必要的

每當提及富者的象徵——財富自由，大家都會聯想到不工作、每天玩得很開心的模樣。其實那種生活只有暴發戶的子女有機會暫時體驗。像那樣，盡情玩樂（眞的快樂嗎？）一段時間後，連原本的財產也會全賠光。

俗話說：「富不過三代。」這不是隨便說說。有人說，財富是世襲的，這句話大錯特錯。

韓國大型企業十年多以前還不像現在（執筆當時爲二〇一八年）一樣具備世界競爭力，許多歷史悠久的國際公司，也是仰賴企業經營才生存下來，而非財富世襲。財富是極難承襲的一種結構。

爲什麼呢？

假設有個富者白手起家，獲得了巨大的財富。這是富者本人應得的，無論他的成果來自得天獨厚的能力，或是後天不斷的努力，可是，難保他的子女也能承襲他的能力與資質。儘管有些子女能夠學到父母的勤勉態度，但多數生於優渥環境的小孩都會變得軟弱。

以這種軟弱性格，過著毫無節制的生活，往往連父母的財產都會被他們揮霍一空。就算錢多到可以每天花數千萬，也不代表永遠花不完。原因在於，金錢的絕對數值並不重要。

我做生意的時候，附近開了很多家富者子女出資、兼任理事的公司。那些公司後來一個個安靜地消失了。這些公司的倒閉率遠遠高於一般公司，並且都欠下了大筆債務。

他們明明能安逸地奢侈度日，爲什麼非要開公司，弄得自己負債累累呢？

他們欠下巨額債務的原因不光是奢侈而已。有錢的話，各式各樣的人都會圍繞在你身邊。這些富家子弟多是受到身邊的人或朋友誘惑，才會傾家蕩產。

在各種因素的影響下，身爲父母的富者若不能好好教育子女，他們的財富很難延續下去。

此外，只顧著花錢的人生不一定快樂。現實中，很多白手起家的富者下定決心早點退休，最終卻做不到，反倒找些繁瑣、穩定的工作來做，便是出於這個道理。

偶爾爲之的奢侈才令人開心。要是每天都過著奢侈的生活，你會有什麼感覺呢？恐怕很膩吧。

偶爾吃一次炸醬麵，你會覺得好吃，要是每天吃的話，只會覺得倒胃口。「天堂的蜂蜜多到滿溢出來」這句話，也是因爲這輩子沒辦法時常嘗到蜂蜜，才會產生這樣的理想。假如蜂蜜眞的多得像水一樣，終究也會感到厭煩。

富者不必勞動的想法，不過是厭惡工作的人心中的理想，以及電視劇和電影裡的幻想情節。

或許有人會這麼說：「富者可以做自己眞正想做的工作。」這句話算是一半對、一半錯。如果只做自己想做的，就是不把工作當一回事。

就算住在無人島上，也不能只做自己想做的，生活在關係複雜的社會裡，更是難以如此。人類大腦構造是這麼設計的，縱使是自己想做的事，長期下來，也會討厭做這件事。

換言之，人類的大腦容易厭倦一再重複的事情，總想嘗試新的事物。

工作時，我們必然會接觸到各種社會關係，像是員工、交易對象等。可是，我們不可能隨心所欲地控制他們。

因此，富者也無法只做自己想做的事。他們努力賺取勞動所得，可以說一生當中幾乎都在工作。我認識的高齡富者們目前也還在工作。

在成爲富者的過程中，勞動所得的重要性無庸置疑。有人認爲，沒有勞動所得也能成爲富者，這是理論中才會出現的百分百錯覺。

勞動所得是維持生計的基本所得；相對的，投資所得是提供寬裕生活的所得。不過，假如沒有勞動所得，也不會有提供寬裕生活的投資所得。也就是說，勞動所得是成爲富者的必要所得。

打個比方吧。人們常說的全職投資，指的是以投資爲業的工作。這可謂是一種將勞動所得和投資所得合而爲一的多功能（混合）職業，它與童話裡的精靈沒什麼兩樣，只會在理論裡出現，現實中根本不可能發生。

爲什麼呢？

如前述，勞動所得是維持生計的所得，我們必須藉此取得日常所需收入，光靠投資，很難擁有穩定的日常收入。原因在於，投資時長是個變數。在投資世界裡，人絕對無法勝過時間。好運的話，一年就能獲利，但也有可能三年、十年才獲利，在這段期間內，勢必需要其他所得維持生計。

無論是誰，每個月都有固定支出。如果期待不知道何時獲利的投資收益，就會影響生計，導致生活愈來愈苦，等不到利潤回收的那一天。

魯莽挑戰透過投資賺取每個月的固定支出，意味著你將自己的投資期限設定爲一個月。限定在一個月內了結不確定需要耗時多久才能獲利的投資，有辦法與其他人競爭嗎？

百分之百輸定了。

你聽說有人藉由全職投資獲得成功？說那句話的人想從你身上得到什麼？是不是說要教你怎麼做，然後跟你索求補習費？

我再強調一次，**提供寬裕生活的投資所得，需要勞動所得做後盾。為了克服不**

知道多久以後才能回收利潤、獲得投資所得的等候期，絕對有必要以勞動所得維持生計。

儘管起初必須耗費很多時間賺錢，但接下來多數時間都是用來管理金錢。管理賺來的錢無異於勞動，所以也算是勞動所得。

有些人以爲，房東什麼都不做就能賺錢，亦是一種錯覺。

舉例來說，某個人累積了一筆勞動所得，把它當作頭期款，買了一間每個月可以收取五百萬韓元月租的房子。五百萬韓元的月租中，有兩百五十萬元要付房貸與利息，剩餘利潤是兩百五十萬元。

爲了守住這兩百五十萬元，他必須不假他人之手，自行管理房子。若是不善加管理，光是把房子擺在那邊，難有穩定的租金收入。畢竟月租不會自己入帳，房客也不會自己走進來。

交給別人管理也行？你覺得，兩百五十萬韓元扣除房屋稅、所得稅、健保、國民年金等，最後能剩下多少？此外，還要考慮到房子的修繕費用，沒有房客的空白期間必須自行負擔房貸利息、管理費等，利潤其實所剩無幾。

擁有價值數十、數百億韓元房產的人選擇繼續工作，通常是這些因素使然。新手們只想到收房租，沒有意識到收取房租後，自己必須負擔上述的維護成本（各種修繕費用等），實際所得其實沒有他們想像中的多。

你夢想著年紀輕輕就退休嗎？盡快認清那是不切實際的夢想吧。

年輕時的勞動所得多是爲了將來致富與維持生計。既然怎樣都要工作，不如咬牙堅持下去，努力成爲富者。等你成爲富者，就會自己找工作做，不會急著提早退休。這是因爲，到時候做的工作肯定和現在有所不同。

不要抱持僞善的金錢觀

很多人夢想成爲富者，夢想過著游刃有餘的財富自由人生。但實際上，想要成爲富者的人，腦海中只想著怎麼花錢。

他們完全不把最必要的致富方法與過程放在眼裡，只顧著想像自己「成爲富者的話」該怎麼花錢。幻想自己成爲富者後，要搭郵輪旅遊、玩遍歐洲、購買名牌、買進口車、買豪宅等。

這些全是什麼？

全是怎麼花錢的幻想。

明明說想賺錢，卻成天想著怎麼花錢。俗話說：「心想事成。」滿腦子都在想花錢的事，有可能賺到錢嗎？

態度決定行動。就算不能馬上搭郵輪旅遊，你也會去坐漢江遊覽船；不能玩遍歐洲，你也會先計畫東南亞旅遊。**一心想要花錢的態度，終將造成不必要的消費。**

反之，富者一整天都在想什麼呢？

樹立明確的目標，思考著如何賺錢。

該如何賺到一千萬韓元？該如何讓生意變得更好？該如何買下之前看中的小公寓？

決定方向後，速度就不成問題。倘若目標明確，就算需要耗費一段時間，他們終究會設法實現它。

富者與貧者的差異就在於看待金錢的態度。對富者來說，無論金額多寡，錢就是錢。但在貧者僞善的金錢觀裡，只有大錢才算得上是錢，一億韓元是錢，一萬韓元不是錢。

目標是到達十樓，卻連一樓都不想走，到得了十樓嗎？

不把一萬韓元當成錢的人，可以存到一億韓元嗎？

連十萬韓元也靠自己賺的人，才有機會賺到一億韓元。

無論金額多寡，錢就是錢。貧者覺得計較小錢很沒面子，所以買東西時絕不殺價。你說他們買二手貨的時候很會殺價？那到百貨公司買東西的時候呢？買車或房子的時候呢？繳納手續費的時候？全都是僞善。當他們覺得金額不大，或者這筆錢跟炫富有關的時候，殺價就會令他們感到丟臉。

買二手貨時殺價，是因爲在別人不要的東西上花錢感到心疼，才會要求對方壓低價格。可是，如果在百貨公司裡也殺價，買好幾億的高價商品也殺價，對他們來說實在有損顏面，這就是所謂的僞善。

富者們不會隱藏自己喜歡錢財的事實，想盡辦法賺更多的錢。但貧者們覺得公開談論金錢很庸俗，只會偷偷尋找賭博、彩券、比特幣等可以賺大錢的方法。

明明自己連十萬韓元也賺不到，卻說自己不屑賺十萬韓元，這種態度就是僞善的金錢觀。

想要賺一億韓元，必須先懂得如何賺十萬韓元。

富者們的金錢觀一點也不僞善，所以時常被人誤會很小氣、吝嗇。

這是因爲對他們來說，錢就是錢，無論多寡。

以比率的概念計算金錢

富者和貧者對金錢的態度與理解有著明顯的差異。**富者以比率的概念計算金錢，貧者以絕對數值計算金錢。同樣是賺了一千萬韓元，富者會計算自己花費多少成本賺到這筆錢，但貧者眼中只有一千萬這個數字。**

如此不同的金錢觀，造成截然不同的結果。

比方說，某個人賺了一百萬韓元，富者關心的是，他投資了什麼才賺到一百萬；但貧者只看到一百萬這個數字，覺得是筆小錢，對此不屑一顧。把一百萬韓元當成小錢的思維，無法帶來有建設性的想法。

打個比方來解釋這個原理吧。

整形手術後，醫生不只看整形的結果，甚至更著重於整形前與整形的過程。然而，消費者會怎麼做？他們只注重整形前後的絕對結果，不看過程。

醫生和消費者，誰是賺錢的人？當然是醫生，消費者是花錢的人。

金錢觀念也一樣。以比率的概念計算金錢的習慣，讓你得以從有建設性的角度審視原因與過程。

與此相反，以絕對數值計算金錢的習慣，只會造成不必要的消費。因爲當你賺到一百萬韓元時，並不會思考其中付出多少代價，或者檢視賺進這筆錢的方法，只知計較這筆錢是多是少。這種思考模式無法看到金錢眞正的價值，很容易造成浪費。

假設你每天工作八小時，月薪兩百萬韓元，如果每個月存下八十萬韓元，一年後就可以存一千萬韓元。接著，你再把這一千萬拿去投資，獲得了一〇%的收益，也就是一百萬韓元。

對你來說，這一百萬韓元的價值將不僅止於這個數字，它是你辛辛苦苦存下的一千萬韓元創造的收益，這麼貴重的一百萬能夠隨便浪費嗎？

因爲你知道賺到這筆錢必須經歷怎樣的過程、付出多少的努力，所以不會輕易浪費，還會把它用在能夠創造更高價值的地方。

這點在投資——成爲富者的終點站——的時候，將表現得更明顯。富者以比率的概念計算金錢，早就明白不可能一夜暴富。

然而，以絕對數值計算金錢，只計較數字多寡的人，老是想著一夜暴富。進行不動產投資時，一聽到能賺錢，便立即投資，完全不顧風險高低和資金多寡，簡直是飛蛾撲火。到頭來，因爲貪心套在高點，損失慘重的多半是貧者。

股市也一樣。投資概念股、衍生商品，或是進行當沖的人，後來多數成爲了貧者。因爲他們不曾考慮自己投資了多少錢、花了多少時間，所以看不到其中的風險。

如果有人說自己賺了一百萬韓元，請不要把它視為單純的一百萬，小看這筆錢。試著觀察其中需要付出多少成本、收益率是多少百分比、花了多少時間等等，多關心獲得這筆錢的過程吧。

這個小小的思考習慣將教你何為賺錢之道。

不爲他人消費

近來，大眾對於自尊愈來愈關注。簡單來說，自尊是對自我的評價。

富者們通常都是高自尊。

爲什麼呢？

富者們在取得成功的過程中，已經獲得相應報酬，所以擁有自信。

然而，尚未取得成功的人對自己缺乏信心，自尊往往偏低。再加上現代社會的人們透過社群媒體便能輕易與他人進行比較，更容易喪失自尊。

與他人比較時，若以對方的標準來評價自己，絕對無法得到高評價。

與他人比較是人類的本能。反過來說，人類透過比較，尋求自我發展。但進行比較前，必須先學會承認事實。就像酒精中毒者首要任務是承認自己成癮一樣，**你必須先承認自己的不足，再與他人比較，才能藉此獲得成長。**

韓國是朝鮮族組成的國家，鑒於民族特性，比起其他國家更重視公平性。因此，韓國人容易受到比較心態的影響，不輕易承認別人的優點，尤其是人生中連一點小成就都不曾有過的人更是如此。

他們覺得別人活得光鮮亮麗，只有自己遭受不公平的待遇，從而造成低自尊。當低自尊遇上心理防衛機制時，人就會開始拚命用金錢堆砌外表。

有些人爲了別人的眼光，特意花大錢包裝自己。如果別人在社群媒體上炫耀自己吃了一萬元的大餐，他們就會花十萬元吃一頓飯，表現出更優越的樣子，以求自我撫慰。

這類的比較沒有盡頭，假如別人上傳十萬元大餐的照片，你就要吃二十萬元。假如別人上傳平價精品包的照片，你就要買名牌包；別人上傳名牌包的照片，你就要買限量版名牌包。

不斷為他人消費的行為，對自己毫無助益。這種態度只會把自己推向貧窮，絕對不會讓你變得富有。

嚮往藝人的世界，效仿藝人的行爲，也是同樣的脈絡。替藝人操心、模仿藝人的華麗打扮，爲他人消費的人都不能成爲富者，那不過是降低自己的身價來提高藝人的身價罷了。

富者們也不是從一開始就事事順利。不斷累積小成功，終究能成就大成功。只要從頭開始，將它們一一實現就行了。

成功沒有什麼大不了，即便是件小事，自始至終完成它，便算是一種成功。

完成某件事的成就感能夠提高自尊。比如說，你可以試著讀完一本書，就算讀到一半覺得無趣，也要耐心看完。

記錄每天要做的事，然後畫掉每一件完成的事。

不要小看這些小成功，**完成小事的過程將增加你的自信心。持之以恆，便能提高你的自尊。**

這種態度終將讓你把焦點放在自己身上，停止與他人比較，不再為他人消費。

誰會買名牌？沒錢的人。他們害怕別人無視自己，故意在別人面前裝得很有錢。有那種消費傾向，絕對成不了富者。

因爲無論你再有錢，總會出現更厲害的比較對象。

不貪小便宜

想成為富者必須先控制支出。在控制支出的時候，富者們會漸漸養成自己的用錢習慣，其中一項就是不貪小便宜。

假如你今天寫了一張考卷，如果某題答錯，下次遇到同樣的題目還是會答錯；如果某題猜對，下次還是能猜對。也就是說，**思考的方向或習慣總是重複相同的模式**。

不管多努力，答錯一次的問題很有可能再度出錯。簡而言之，人時常一再暴露自己的缺點，富者早就意識到這點，所以把這個原理套用到理財上。

因為價格便宜，就隨便亂購物的話，這種行為將成為一種不良習慣，促使你每次看到便宜的東西都毫不猶豫地結帳。因此，富者們絕不貪小便宜。

很多人因為價格便宜而買單，他們自稱買折扣商品與二手貨是合理消費。

這種習慣等同放任問題不管，容忍自己持續犯錯。

請仔細回想一下，家裡因爲便宜而買下來的物品中，眞正在使用的有幾個。幾乎沒有確實使用吧。電視購物主打「只有今天特價」而買下的衣服福袋六件組，至今不曾全數穿過。有氧運動器材權充衣架，掛滿了洗好的衣服……

二手貨買回來後，要不是丟在一旁，打算重新拍賣，就是花錢請人清掉了。

爲什麼呢？

這是行銷手法和需求帶來的結果。

假設你今天是個商人，販售的其中一項商品正大賣，一進貨，立刻有人買，甚至到了缺貨的地步。這種商品需要打折嗎？供不應求的情況下，價格只會愈訂愈高，遑論是打折。

折扣商品都是怎樣的商品呢？賣不好的商品。如果堆在倉庫，還要付保管費或維護費，考量到後續成本，倒不如快點打折賣掉。

不知道商人眞實意圖，貪便宜買下這些產品的話，最終都不會好好使用。

可是，產品使用心得多半都是好評。你知道原因是什麼嗎？

這是出於自我防衛與合理化，必須自認買了不錯的東西，心情才不會變差。既然都要上傳心得了，當然要說好話，才能獲得點數。不喜歡說別人壞話的心理多少也有影響。除此之外，那也有可能是員工寫的心得。

說到底，因爲行銷手法而買下的折扣商品多半不會使用，全是浪費錢而已。

那二手貨呢？

你今天買了一件商品，如果經常使用的話，還會把它拿出來賣嗎？二手貨要不是用不到，就是沒有利用價值的東西。

二手車市場中，國產車比進口車貴的原因在於，大家都是爲了生計才買國產車。意即買國產車的人多半有用車需求，鮮少出售，所以價格偏高。相反的，買進口車通常是爲了炫耀，較無必要性，所以很容易進入二手市場，價格自然低於國產車。

換句話說，二手交易與其說是合理消費，更像是出於好奇或貪心，便宜買下自己不太需要的東西。

購買折扣商品或二手貨的習慣就像貪小便宜的習慣一樣，讓人不經意地隨便花錢。這種習慣有如竹籃子打水，賺再多錢也留不住。

千萬不要覺得存一千萬韓元沒什麼用。存下一千萬韓元的經驗，將會成爲存下兩千萬韓元的力量，令你有更多力量守護辛苦存下的積蓄。

這股力量與活力能使一千萬變成兩千萬，創造更多原動力，讓你變得富有。

不要因爲貪小便宜而買下不必要的東西，導致自己還要花錢保管或丟棄它們。這種習慣將使你難以致富。特別是，千萬不要湊錢買名牌。簡單來說，就是不要爲了擁有名牌，買些不適合自己的便宜貨。

養成這種習慣，別說存錢了，反倒只會讓你對下個月的卡債憂心忡忡。滿腦子煩惱，能夠思考如何賺錢嗎？

「花錢比賺錢更難。」

——馬雲（企業家）

不要持有太多的帳戶和信用卡

金融圈曾帶給大眾錯誤的認知，他們推薦大眾根據用途，開立好幾個帳戶來管理資金，並申辦各種信用卡以取得不同的優惠。

這種做法其實不是爲了消費者，而是金融機構的行銷策略。

我曾看過某電視節目中，有個被稱爲金融專家的人這麼說：

「如果你還不出銀行貸款，最好向銀行據實以告。這樣一來，銀行會爲你開方便門。另外，絕對不要拒接銀行的電話。」

聽完這段話，我眞是啞口無言。

由於經商的緣故，我從很久以前就與銀行有過各種交易。

假如眞的向銀行據實以告，說自己還不起貸款，他們只會催得更過分。要是不加理會，還會採取極端手段，比如暫停交易等。

既然如此，那位所謂的金融專家爲何說那種話呢？

全是爲了行銷。

胳臂都是往內彎的，銀行從業人員說的當然是對銀行有利的話。不要輕易相信所謂的專家，先弄清楚他的工作是什麼吧。

帳戶和信用卡也一樣，以各種優惠吸引消費者申辦各式各樣的帳戶與信用卡，是一種助長過度消費的行銷策略。事實上，當你擁有各種信用卡後，只會讓管理變得困難，增加不必要的開銷。

爲了得到A優惠，申辦了一號卡片；爲了得到B優惠，申辦了二號卡片；爲了得到C優惠，申辦了三號卡片……信用卡愈多，可用額度愈高，支出的金額反而大於收入。

倒不如放棄所有優惠，只留下一張必要時使用的卡片，才是減少過度消費的方法。

請再次閱讀前一節〈不貪小便宜〉，信用卡優惠也是相同的道理。金融機構巧妙運用了消費者貪圖優惠的心理，以行銷策略促使消費者進行不必要的消費。

或許有人會反駁我的話，認爲金融機構也需要生存。確實如此，不過，我們不需要爲了金融機構的生存，讓自己背一屁股債。金融機構除了信用卡手續費以外，仍有許多收益。相對來說，個人支出則須控制在月薪以內，畢竟大家的收入幾乎都只有月薪而已。如果不顧及這點，恣意過度消費，本金加上利息，債務將會愈滾愈大。

這種習慣絕對無法讓你成爲富者。

韓國雖然被稱爲ＩＴ大國，但需要自己管理的東西實在太多了。帳戶和信用卡多，代表需要管理的東西也很多。不光是浪費時間，也增加了管理成本。此外，隨著持有帳戶和信用卡愈來愈多，想要掌握現金流變得愈來愈難，甚至會讓你放棄控制支出。

倘若帳戶只有一個，想要掌握現金流，只需下載交易明細，用Excel按照金額或日期條列，便能立即確認支出現況。但如果有十個帳戶，你必須登入十家網路銀行，每次都要設定不同的ActiveX和安全系統，每年還要一一重新登錄與更新電子憑證。這樣有辦法好好管理金流嗎？

無論什麼事情，只要難以管理，就會帶來無形或有形的支出。管理愈單一，愈能減少不必要的支出，也更容易掌握明細。

同理可證，信用卡愈多，愈難管控支出。一〇%的折扣優惠，說不定會帶來九〇%的不必要支出。更聰明的做法是，索性放棄那一〇%，以免除九〇%的消費。

其實，富者們通常只有一至兩個帳戶，以及一至兩張信用卡。而且，富者不使用ＶＩＰ信用卡。這類高額年費信用卡，主要在高收入者年終報稅或者公司行號抵免稅額時使用，眞正的富者私下並不會使用。

有必要爲了幾個優惠，把辛苦賺來的錢拿來支付年費嗎？

如果不用信用卡，改成現金卡呢？這也是銀行的行銷手法之一。

使用信用卡時，銀行會先付錢給商家，以利息的名義收取手續費。而使用現金卡時，銀行會直接把個人帳戶裡的存款付給店家，同時收取手續費。從銀行的立場來看，哪一種更有利呢？

當然是現金卡。

你說這樣年終報稅可以扣抵更多嗎？

若是好好計算實際扣除率，你會發現事實並非如此，反倒是本末倒置。以結構來說，想要得到更多減免，就要花費更多。換言之，必須創造更多不必要的消費。不管是信用卡或現金卡，都是相同的邏輯。

舉例來說，年終報稅想得到一百萬退稅的話，就要先花一千萬。與其這麼做，倒不如不要拿那一百萬，少花一千萬，更有機會成爲富者。簡而言之，**大家必須掌握消費主導權，不被行銷手法迷惑**。

不要被行銷策略欺騙

資本主義社會中，存在各種行銷策略。隨著資訊時代的來臨，這類策略正細膩、巧妙地發展中。各家公司想方設法讓消費者們掏出腰包，消費者卻連廣告是自己出錢贊助的事實也不知道。

各種行銷策略滲透了每個人的生活，「十二個月零利率」「分期付款零利率」「試用一個月，不滿意的話全額退費」「免費試用一個月」……

大家沒有發覺，這些都是「循序漸進的策略」，甚至誤以為自己得到優惠。全是行銷策略。

萬事起頭難，然而，一旦涉入其中，人類自然會合理化自己的決定。這些行銷策略正是利用了這點，人們會因為懶惰而不去退貨；抑或明明不必要，仍說服自己滿意這次消費。

其中最該注意的，就是金融商品（基金等）和保險商品。

依我的經驗，所得大於平均的中產家庭會爲錢煩惱，多半是因爲金融商品和保險商品。大部分的保險在投保三個月後，便很難輕易解約。人們之所以不願意解約，是因爲損失規避心理使然。所謂的損失規避，是人類對於損失比利益更敏感的心理現象。另外，一旦付出成本，就無法捨棄的沉沒成本謬誤，也是金融商品和保險商品的其中一種行銷策略。

一開始，你會覺得月付五萬韓元沒什麼，但這種你覺得沒什麼的商品若買了十個，每個月的支出將多出五十萬韓元。此後，假如你在損失規避或沉沒成本謬誤的影響下，捨不得解約，便要爲了繳納這些費用負債。

我甚至看過有人爲了繳保費預借現金。實際上，保險業務員也會慫恿客戶預借現金或貸款繳費，以免保費逾期被扣本金。（你必須繳費，他的業績才算數，進而取得業績獎金。）這些行銷策略再再令人陷入金錢焦慮。

看不起小錢，對各種行銷策略來者不拒，輕易下決定的代價，就是每個月爲錢煩惱。

富者們根據以往經驗，自然有能力識破這些手法，所以不會被行銷策略欺騙。我們很難辨別哪些是行銷策略，所以應該考量現在對誰比較有利，而不要光看未來。不管是金融機構或保險公司，都會在顧及當下利益的同時，向消費者強調不透明的未來利益。

請記得，天下沒有白吃的午餐，不用錢的更貴。表面上看似受惠，背後是更多的花費。

只要堅守這個原則，就不會輕易落入多數行銷策略的陷阱中。對各種行銷策略來者不拒，無異於想要填滿無底洞，積蓄不但不會增加，還會愈來愈少。這樣一來，絕對不能成為富者。

「同理心是最不常被使用的最佳商業手段。」

——丹尼爾．盧貝茨基 Daniel Lubetzky（企業家）

CHAPTER 8

投資的態度

投資方能成爲完整的富者

「除非出現特殊情況，
否則投資將是我最終想做的事。」
——約翰．克魯格 John Kluge
（億萬富翁）

投資方能成爲完整的富者

成爲富者以後，爲什麼一定要投資？

因爲這是在資本主義之下生存的必備條件。

資本主義憑藉通貨膨脹獲得成長，也就是說，貨幣價值會隨著時間推移而下跌。如果比較一九九〇年代的一萬元和現在的一萬元，就不難理解這是什麼意思。貨幣價值如果不下跌，國家將很難有所成長。

當市場多元性愈高，需求的資金愈多，國家配合需求供應貨幣，所以流入市場上的錢逐漸增加，金錢的價值隨之下跌。

貨幣價值下跌（通貨膨脹），促使人事和原料成本上揚，生產性資本的價值必然也會增加。單純的勞動價值趕不上通貨膨脹帶來的物價、資產上漲。

把年薪調漲的速度和不動產上漲的速度相比，應該就懂了吧？

若是不按照需求供應貨幣，會發生什麼事呢？市場流通貨幣不足時，大家會不敢花錢，致使資金愈來愈匱乏。貨幣價值從而持續上揚，癱瘓國家經濟，有如血管阻塞導致心肌梗塞一樣。

要是沒有通貨膨脹，市場經濟將無法正常運作。

除了國家經濟以外，通貨膨脹一樣適用於個人資產。

某位生意人每個月結算時，都會哭喪著臉說自己又賠錢了。然而，雖然他每個月都說賠錢，卻一直沒有倒閉，持續做著生意。

原因是什麼呢？

因為流通資金量符合需求。即使出現赤字，該付給廠商的錢都能按時支付的話，就不會輕易倒閉。

股票市場也是同理。仔細查看財務報表，你可以發現很多公司年年虧損，卻不會輕易倒閉。這些公司何以做到這點？原因就在於現金流。只要資金持續流動，就算出現赤字也能經營下去。反之，資金失去流動性時，就算賺錢也有可能倒閉（俗稱黑字倒閉）。

由於通貨膨脹的緣故，無論是做生意還是開公司，都必須擁有流暢的流動資金，才能避免倒閉。

個人也一樣，**身處資本主義社會，貨幣價值下跌無可避免，因此，我們一定要進行投資，以應對未來的資產增值。**

及早領悟投資的必要性

投資方能成爲完整的富者，如果不投資，將難以致富。長遠來看，賺錢其實沒有那麼特別，無論是上班或經商，賺來的錢皆屬於勞動所得。勞動所得不過是維持生計的基本所得，差別只在於賺多賺少，目的並無二致。

打個比方，月入千萬韓元的人，以百分之十的收入買衣服時，花的是一百萬韓元。而月入百萬韓元的人，以百分之十的收入買衣服時，花的是十萬韓元。

儘管金額不同，目的仍舊是爲了生活。專門職業者即使所得高於他人，也只是穿著打扮比較花錢而已。沒了勞動所得，就不能維持生計，以富者的身分享受從容人生。

然而，**投資是提供寬裕生活的要件。缺少投資所得帶來的額外收入，的確不會影響生計，但想要過得寬裕，需要仰賴投資產生的收益。**

不管是上班族也好，或是生意人也罷，資金來源都很顯而易見，就是自己的工作。假如工作不順利，就不會有收入，爲此感到茫然，看不見未來前景。

假設你的月收入是兩百萬韓元，卻因爲過度享受生活，花了四百萬韓元，可是你卻籌不到剩下的兩百萬韓元，以至於繳不出當期卡費。這樣一來，你勢必得使用信用卡分期（未於繳款期間內付清全額卡費，須於下月起繳納循環利息）或預借現金。

有句話說：「貧窮生利息。」信用卡分期或預借現金的利息都不低，想要還清結轉到下個月的金額並不容易。假如你是領兩百萬花兩百萬的月光族，根本難以承擔上個月的兩百萬，到頭來都只是在拖時間，無法改變情況。時間拖得愈久，應付利息愈多，之後的欠款將不再是兩百萬，而是兩百五十萬。

預借現金也大同小異。如果預借現金的目的是讓自己過得寬裕，通常難以利用維持生計的勞動所得來償還。就算資金足以維持生計，也不代表花費能夠再調降。現代社會不像以前一樣，可以說省就省，畢竟現在早已不是接雨水當作飲用水的那種時代了。

同事一起到咖啡廳時，你總不能買自動販賣機的咖啡來喝。同事輪流請吃飯時，你總不能每天白吃白喝。你也不能三餐吃泡麵，或者不使用手機等等，社會變得多元複雜的同時，花費也與日俱增。

最後，開銷變成債務，使你無法從負債的泥沼中脫身。

既然如此，我們可以從每個月的所得當中預留一筆錢，作爲享受寬裕生活的資金嗎？

比如月入兩百萬韓元，每個月存下二十萬（一〇％），等到存款有四百萬時，再用這筆錢去旅行呢？

說來簡單，但實踐很難。存錢的過程中，假如急需用錢，你覺得自己會怎麼做呢？縱然存到目標金額，能去的地方也不多，因爲你會受限於這是好不容易存下來的錢，無法肆意享受。說是旅行，充其量也是拍幾張照片就結束了，空有名義，沒有眞正享受。除此之外，實際旅行時，花費往往會超出預算。

然而，一個月入兩百萬韓元的人，假如可以在一、兩年內獲得一千萬韓元的非勞動所得。這筆金額相當於五個月的收入，生活自然過得寬裕。接著，再經過一段時間後，他又得到兩千萬、四千萬韓元的非勞動所得，他將能使用其中的一小部分，享受自在的旅行。他的生活將愈來愈寬裕，不再拘泥於勞動所得。

非勞動所得正是投資帶來的收益。

不過，誠如前述，絕對不能以投資帶來的非勞動所得取代勞動所得。運氣好的話，一年就能回收投資所得；要是運氣不好，五年也不一定會回本。然而，**只要先管控好時間這個變數，投資一定會獲利**。

投資獲利有三個必要條件：

一、知識。

二、時間。

三、資本。

這三個條件相輔相成，互補長短。如果知識不足，時間或資本就必須填滿短缺之處；如果資本不足，就換成時間或知識必須補足。

知識不足，又想要在短時間內投資獲利的話，因爲很難管控時間變數，容易使自己蒙受損失。

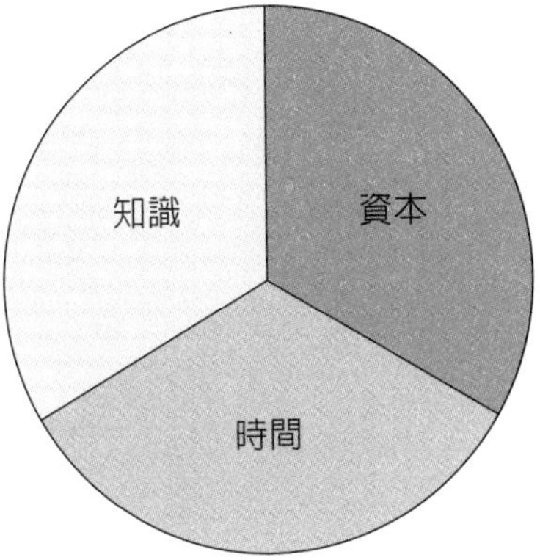

投資獲利的三要件

爲了管控時間變數，維持生計的勞動所得不可或缺。請務必記住這點。

很多人貿然進入市場投資，卻不能管控時間變數，最後只會走向滅亡。

尤其新手既缺乏知識，又過於貪心，老是期待押對一檔股票或不動產，就能賺進大把鈔票。

請思考一下。

新手憑藉輕鬆獲得的情報賺大錢，與全部的人都夢到神告訴自己樂透號碼的機率不是一樣的嗎？

簡單來說，投資獲利靠的不是某檔股票或物品，歸根究柢，是在於你的態度。正確的態度才能造就成功的投資。

無視維持生計的勞動所得，選擇成為全職投資者的人幾乎都失敗告終。你說有人成功了？那個人是不是說要教你祕訣，然後向你索求補習費？**投資的確很必要，但前提要有勞動所得與時間當作成長的養分。**務必記得，任何無視此原則的投資終將失敗。

投資收益透明的標的

富者們都投資什麼？

黃金？美金？藝術品？

個人可以投資的東西僅有股票和不動產，這點富者也不例外。很多人認爲，富者會在家裡囤放金條，在保險箱裡裝滿美金，在倉庫收藏藝術品，那全是電視劇編織的幻想。

大眾誤以爲富者會收購一堆金條當作投資。事實上，在韓國購買金條需要繳納附加稅與手續費。一旦買下金條，價值便立刻折損一一％（一〇％的附加稅，加上一％左右的手續費）。

個人在銀樓以現金按市價購買黃金時，即使有手續費，也不需要繳納附加稅。所以在大眾的印象中，一般人收到別人送的週歲禮物（如金戒指等）後，都會等待牌價上漲時賣出。因此人們才有富者身懷鉅款，應該時常交易金條的誤解。

不過，你想想看。如果你是富者，你會把辛苦賺來的錢，用來投資一開始就虧損一一％的東西嗎？（不要以爲富者賺錢都很容易。正如一件事帶來的壓力因人而異，每個人感受到的工作強度自然也有差異，無論是富者或一般人都一樣。）

你覺得錢夠多的話，虧損一一％也無所謂，反正可以等它漲回來？

眞是大錯特錯。

一九八〇年時，國際黃金牌價每二十八公克是兩千兩百美元。經過二十年的二〇〇〇年，黃金牌價每二十八公克値多少呢？三百八十五美元。再過十年的二〇一〇年，每二十八公克是一千兩百五十六美元，八年後的二〇一八年是一千三百六十五美元。沒有富者願意大量持有變動幅度高達五倍的財貨，就連投資鬼才巴菲特也說過，自己絕對不投資黃金。

美金和藝術品也是大同小異。我見過一些因爲高尚嗜好購買藝術品的人，但幾乎沒有人是爲了投資。

以前曾發生一件事。某個人（方便起見，就稱他爲B吧）因爲運氣好，湊到了一筆大錢。不是他賺來的，是湊到的。說得委婉，實際上就是以各種名義向別人募資或借貸，獲得的資金。一般在這種情況下，就算是別人的錢，也會產生自己賺了大錢的錯覺。於是，他開始模仿大家誤以爲有錢就會做的高尚行爲，買下價值兩億韓元的藝術品。而那不過是一幅白色畫布上，點了幾筆的畫作。他到處炫耀自己用兩億買下這個作品，說自己進行了投資。

後來發生什麼事了呢？

他根本不知道如何賣掉那件藝術品，只好委託原購買處幫忙拍賣，卻沒有成交。B應該是看了電視劇，以爲富者都像到便利商店買菸一樣，三不五時進行藝術品交易，從中賺取價差吧。

富者們可以投資的領域其實和平凡百姓完全一樣，終究還是股票和不動產。

藉由上班、做生意、開公司等方式賺錢，同時累積知識，然後把那些錢當作投資股票或不動產的本金，獲得穩定收益。

碰到經濟危機時，當然也會遇到難關，但他們能從中學會如何應對困境，逐漸獲得穩定的收益。

反之，景氣好的時候，他們就學習如何把利益最大化。

富者沒有特別的賺錢之道，他們運用知識、時間、資本，與其他人做著相同的投資。

投資獲利時，那筆收入就會成為提供寬裕生活的資金，讓他們成爲富者。

然而，有些貪心的新手無視時間與知識，一心只想發財。他們的投資有如賭博，結果受到短期市場波動影響，損失慘重。

爲什麼市場波動讓人賠錢呢？

投資期間愈短，市場波動愈難掌控。當市場處於跌勢時，你卻礙於時間關係，不得不賣掉投資標的。因爲貪心而投入的高額資金令你隨時處在恐懼中，無法承受波動起伏帶來的心理壓力。

沒有摸過熱水壺的小孩，絕對不知道什麼叫燙。

沒有經驗的人不管聽幾次別人的經驗談，都很容易右耳進左耳出。

所以，各位一定要記住我說的話。

投資即時間管理

這是某位富者的故事，方便起見就叫他A先生吧。A先生在一家不起眼的中小企業上班，平凡又不引人注目。他與一般人沒有兩樣，大學畢業後就進入社會，想著自己只要認眞上班，屆齡退休後，便能領年金安度晚年，可說是個隨處可見、極其普通的上班族。

直到結婚生子後，他才發現自己追求的平凡沒這麼簡單。不同於一人飽全家飽的時期，有了家庭以後，開銷不斷增加，所得卻難以成長。不景氣時，許多主管還沒到退休年齡，就因爲高年薪被公司勸退，看到這副景象，他開始出現年輕時不曾有過的不安與恐懼。

A先生決定趁早多做功課，像是職場生存的實務課程、加強心理素質的自我開發、存錢的方法，以及如何用存下來的錢投資等等。

累積一些知識後，他開始逐一實踐每件事。

無法實踐的知識毫無價值。眞正的知識會引導你去實踐它。

由於他才三十多歲，實踐起來並不會太勉強。A先生成爲了公司裡不可或缺的存在，更善用從中爭取到的時間，存下投資本金，最終，他也實踐了投資。

他維持著不慌不忙的態度，每天勤奮上班，以自學的投資方法，每年小額投資個一、兩次，就這麼度過了好幾年。約十年後，他的投資收益有了顯著成長。

講到這裡，先暫停一下。很多人以爲賺錢的時候，能夠切身感受到戲劇性的變化，但事實並非如此。就像毛毛細雨不知不覺淋濕衣服一樣，財富也需要點滴累積。比方說，一千萬慢慢變成兩千萬，然後是四千萬、八千萬，緩步遞增。

左頁是隨著投資時間拉長，資金逐漸增加的示意圖。

可是，新手們在銀行帳戶累積到一千萬存款時，往往覺得速度太慢而選擇放棄。

賺錢絕對不是件輕鬆、快速的事情。

領月薪時，不難看見金錢的增幅。但如果結合投資，就要經過一段時間才能看

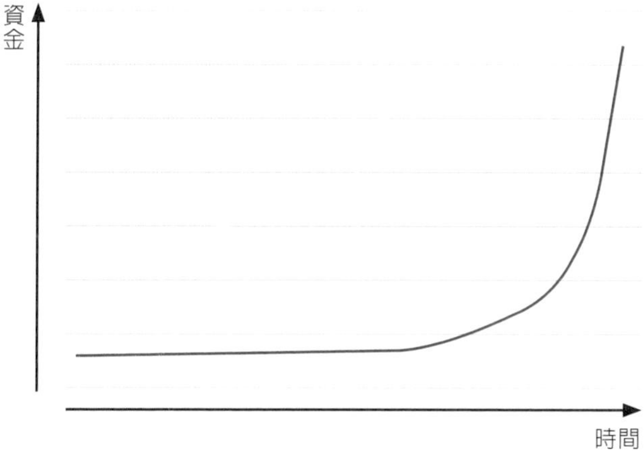

伴隨時間成長的資金曲線

出增長趨勢。起初只是小錢，但隨著時間慢慢過去，資金開始加權成長後，將能明顯感受到改變，這就是大家常說的「複利效應」。

A先生也是如此。雖然一開始累積的錢不多，但他一點都不心急。正如「活著就要求生存」這句話所說，爲了生存，他別無選擇，只能堅持上班。存到一億韓元時，他深知這筆錢不一定能夠負擔自己的養老生活，所以依然持續工作，同時不忘學習與實踐投資。

隨著存款不斷增加，他在不知不覺間有了自信，就算不去上班，只要不要隨便花錢，好好管理現有的投資項目，便足以安穩度過晚年。

有了自信以後，A先生做了什麼呢？

他不出所料地遞出離職信，畢竟沒有必要繼續把自己困在職場。公司裡的人把A先生視爲傳奇，因爲他自請離職，並非公司勸退，或是想要另起爐灶，而是因爲有錢。據說，他因此成爲了傳奇人物。

這不是常見的例子，但如果你仔細觀察周遭，一定也能找到這種人。

投資無非是在做時間管理。故事中的富者所做的，也不過是持之以恆地進行時間管理。

很多新手夢想自己像科幻電影那樣，省略過程與時間，瞬間變得富有。可是，天底下沒有那種富者。

必須做好時間管理。

無論是一年、兩年、十年，沒有人知道需要多久時間。

不過，可以確定的是，如果你利用勞動所得維持生計，並且持續投資，總有一天能夠到達終點，成為一名富者。

要是有人運氣好，三年就到達終點，你也不用太羨慕。三年實在太短，很難完全學會時間管理，財富容易轉瞬即逝，變成海市蜃樓。這與臨時抱佛腳得到好成績的學生，最終在大考失利是相同的道理。

即使需要花上十年，你也不用擔心。十年期間，你自然可以在不景氣中學會如何管控風險。假如學會這點，就能建立深厚的知識，遇到難關也不會輕易倒下。

說到底，時間就是要管理，不要操之過急，堅定不移地進行投資吧。然後，針對投資這件事，找到屬於自己的時間管理法則。

不要當全職投資者

投資絕不能作爲主要的工作，這點不管強調幾次都不爲過。許多因爲投資小有成就的人天眞地相信，誰都能輕鬆勝任全職投資者，誤以爲這次投資賺了一千萬韓元，下次照樣可以獲利。

各位還記得我之前強調的，勞動所得是維持生計的所得嗎？沒有人能在一開始就靠投資維持生計。

投資獲利三要件中的時間若是受到限制，絕對不會成功。如前述，想憑藉投資獲利，時間是必要條件。

如果你是全職投資者，就算不追求物質生活，每個月還是有基本支出，像是伙食費、稅金、公共事業費用（手機、第四台、電費、瓦斯費、水費等）、交通費等，姑且假設是一百五十萬韓元吧。

這一百五十萬韓元正是維持生計的開銷。而投資收益能否負擔每個月的基本支出，取決了時間受到多少限制。

假如一年的投資收益是一千八百萬韓元，基本上可說是確保了整年的基本支出與時間。但如果這一年沒有再獲利，以至於無法負擔下一年的生計，失敗收場的機率便很大。投資失敗時，就必須尋找每個月固定支薪的工作。

基於此原理，必須盡可能提高投資收益，拉長其維持生計的期間，才能提高投資勝率。做不到的話，所有的投資都會礙於時間限制而失敗。還沒獲利，就必須爲了生計中斷投資。新手時常忽略這點，所以全職投資時，百分百會失敗。

而且，新手很喜歡耍小聰明。舉個例子。

「以配偶的薪資維持生計，就能等到投資獲利的那天。」

這類理論根本沒有考慮到其他變數。

你的配偶不可能放任你成天玩樂，不去工作。在配偶的壓力下，投資仍然有時間限制。必須設法維持生計的焦慮不安，你會很容易受到市場波動的影響。

結果行情稍微上下波動，你就怕得了結投資，造成虧損連連，收益相對變少。

景氣不好、市場行情大幅下跌時，卻又完全不敢動作，帶來更大的損失。無論是股票或不動產都一樣。

再加上投資區間愈短，手續費或稅金等費用愈高。當你轉投資新標的時，勢必需要更高的收益，風險自然更大。

打個比方吧。在韓國，股票交易手續費平均是〇．〇一五％，交易稅是〇．三％。當你賣出再買入時，手續費是〇．三三％。交易十次的話，必須繳交三．三％的手續費與稅金。換句話說，這十次的總收益必須扣除三．三％，才能獲得淨利。

不熟悉投資的人通常覺得〇．三三％只是小錢，恣意進行短線投資。炒短線注定失敗，因爲它是一個交易次數愈多、損益平衡點（回收成本、獲取利益的基準）愈高的結構。

有些人想得很簡單，認爲自己只要在單次交易中取得〇．三％以上的收益，就可以抵銷成本，這也是個誤解。

這種片面的想法無異是忽略了單次交易中獲利不到〇．三％的可能。不顧風險，只想到收益，所以照著自己想要相信的方向想像結果。

隨著交易次數不斷增加，短期的投資愈容易受到新個股、新景氣、心理變化的影響。十次交易中，只要有一次失敗，就會帶來虧損。

不動產交易亦然。買賣不動產的手續費與稅率比股票更高。在韓國，仲介手續費平均是〇・三%～〇・九%，土地增值稅介於交易所得的六%～四二%。二〇一八年增值稅重新復活後，如果在一年內轉手，一律必須繳納交易所得的五〇%作爲稅金。

因此，短線交易就像生意人說的「前賺後虧」，表面上賺得飽飽的，但扣除稅金、手續費等成本後，多半賠得精光。

綜觀各種因素之下，投資絕不能作爲主要的工作。萬一有人說自己憑藉全職投資取得成功，不管是否屬實，表示祝福就好，絕對不要拿錢投資他。

提高金融知識

說到投資本金，很多人都會聯想到以前那種一元、兩元，慢慢湊來的錢。省吃儉用，然後把錢存到銀行，連同利息持續養大本金。

這種方法僅適用於高經濟成長率時期。經濟成長率愈高，市場流通資金愈不夠用。因爲相較於供應資金，市場需求的金錢更多。

因此經濟成長率高的時候，銀行利率也很高。由於利率高於物價或資產增長率，利息對於養大本金有一定的助益。

另外，經濟成長率高，所得必然高於資產價值。因爲提高所得後，資產價值才會跟著上升。

在這種經濟環境下，比別人省吃儉用，確實可以存到投資本金。

可是，現在呢？

二〇〇八年爲止，商業銀行貸款利率平均爲八～九％，但二〇一八年是三～四％左右。單看經濟成長率的話，二〇〇〇年代初期估計有八％左右，但二〇一〇年以後平均介於三～四％。

可以說，過去的高收入已經反映在資產價值之上。在低經濟成長率與低利率的環境下，我們很難和從前一樣，一點一滴湊到投資本金。

這是因爲，社會趨向多元化以後，基本開銷也變得愈來愈多樣。我上大學的時候，大學生如果不想花錢，就可以不花錢，畢竟學生沒有特別的支出需求。

但是最近呢？

連小學生也要繳手機費。這點說明了現在就算決心不花錢，也很難實踐。

也就是說，現代社會已經不同於過去，光靠現金很難存到投資本金。身在現代社會，我們必須透過其他方式累積本金，因此需要更進一步的金融知識。

如此說來，現在到底該如何存到本金呢？

想必各位都聽過槓桿，它的意思是活用槓桿原理來利用別人的資本。換言之，我們可以活用銀行資源，借貸投資所需資金。

我這麼說，大家可能會覺得奇怪，貸款不是也要還嗎？

爲了幫助理解，我就舉個實例吧。

假設你現在手上有一千萬韓元。一千萬韓元能投資什麼呢？頂多就是股票吧。然而，就像我之前所說，投資新手想要藉由股票獲利，幾乎是不可能。

如果要投資不動產，首都圈以外的不動產均價落在一億韓元，等於還要多存九千萬，才能進行投資。而你花了兩年才存一千萬，想要多存九千萬，足足還要再十八年。

以這種方式存錢，絕對無法跨出投資的第一步。很多人因爲覺得存錢不易，直接攤手放棄。那是缺乏金融知識所致。

活用金融知識的話，一千萬也能投資價值一億的不動產。

假如投標法拍屋，得標價值一億韓元的物件，貸款保守估計可以達到市價的六〇%。在這個基礎上，加上租賃所得的一千五百萬韓元保證金，以及每月房租四十萬韓元（實際均價），結果如何呢？

槓桿是向銀行貸款的六千萬韓元，加上房客的一千五百萬韓元保證金，總共七千五百萬韓元。房屋價格是一億韓元，取得費用約爲兩千五百萬韓元。合計修繕費與手續費等其他費用，姑且算三千五百萬韓元吧。

存款是一千萬韓元，所以你還需要額外的兩千五百萬韓元。兩千五百萬不需要另外存，可先向銀行借貸（信貸或預借現金）。

等等，這樣貸款不會太多嗎？

不會。用來投資不動產的貸款很安全。爲什麼呢？因爲只要清算不動產，就能還清所有的費用。貸款之所以危險，是由於借來的錢成爲了開銷。成爲開銷的錢必須想辦法賺回來，才能償還貸款。然而，用來投資不動產的貸款只要清算或房價上漲後，隨時都能償還。

那我們現在就來計算看看吧。

A、本金一千萬

B、額外需要的資金兩千五百萬（貸款）

C、不動產抵押貸款六千萬

D、房租保證金一千五百萬

其中每個月必須負擔利息的項目是B與C。以二〇一八年的貸款利率來看，六千萬韓元的利率最高約是四．五％，兩千五百萬則是六％左右，利息共計是四百二十萬韓元（六千萬×四．五％＋兩千五百萬×六％）。

每個月要付多少呢？

三十五萬韓元。

剛才說月租是多少？

一千五百萬韓元保證金，以及每月房租四十萬韓元。

把月租拿來繳貸款利息也有剩。每個月盈餘五萬韓元，看起來很少嗎？你投資的金額是多少？一千萬韓元。每個月五萬，一年就有六十萬。本金一千萬，年淨利六十萬，等同收益率是六％。銀行利率是多少？最近平均值是一．五％。相比之下，這麼做的收益高達四倍。你還覺得很少嗎？

不僅如此，這個金額尚未反映上漲行情。投資不動產時，上漲行情比房租更好賺，但沒有人能夠保證行情何時上漲，有可能是一年、兩年，也有可能是十年，所以在獲利之前，你必須好好管理時間與成本。不過，光從房租扣除利息和附加費用後仍有盈餘來看，這已經是不錯的投資了。

或許有人會質疑，我說的這種方法眞的可行嗎？

百分之百可行。如果想要確認這點，不妨到我經營的網路社團「十億法拍祕訣」（cafe.naver.com/bidchance），親自確認一則則平凡人的實踐心得與故事。

說不定也有人會這麼反駁：「要是不動產價格下跌，該怎麼辦？」

所以，投資前一定要自己先做功課，累積相關知識，而不是一味盲從別人。

第一次投資，就從競標法拍屋做起

我經由股票賺了很多錢，但也是憑藉所謂的短線交易，一夜暴富。

但我爲什麼不建議投資新手投資股票呢？

原因在於，股票並非新手可以駕馭的領域，這個領域屬於具備投資眼光與時間充裕的老手們。

可惜的是，大部分的投資新手都是從股票入門。因爲只要開立帳戶、設置交易系統，然後點點電腦或滑滑手機，就能輕鬆買賣股票。

這算是優點，也算是致命的缺點。輕鬆買賣，代表除了你以外，也適用於所有人。換句話說，這之間存在無數的心理變數。

一般的股市書籍常說，個股下跌時，必須快點停損，認賠出場，那種想法實在太單純又不實際了。投資股票的人何止一、兩名，要是大家都因爲心理層面的影響而認賠出場，行情有可能維持現狀嗎？

假設有十個人想在一萬的時候認賠出場，但願意以一萬買進的只有五個人，這麼一來，事情會如何發展呢？只有五個人賣掉股票，剩下的五個人不得不在更低點賣掉股票。

停損目標崩盤時，新手總是害怕得不知所措，甚至盲目持有到底。出於損失規避的心態，多數人會在出現虧損時，變得左右爲難。

相對的，個股上漲的時候呢？

常聽到有人建議投資者設定「目標價」，達到目標價時就賣出。這無非是忽略現實的假說。就算設定了目標價，新手們碰到股票上漲的時候，多半還是會捨不得賣掉。非得等到止升轉跌，才匆匆脫手。原本想獲取更多的利益，反倒讓獲利減少。

就經驗不足的新手來說，股票投資領域太容易受到心理因素干擾，所以勝率不高。

投資股票這件事，不是待個幾年或幾十年，就能經驗滿等。正如同長期待在同一家公司，不代表你能當上老闆一樣。金字塔式的股票勝率中，時間歷練也不代表投資實力。

你必須放眼整體市場，充分了解個股，並且懂得如何管理時間。即便是簡單到不行的原理，能否確實實踐，也是取決於每個人的能力。

新手們不過看了幾本書，聽別人說了幾句話（別人絕對不會幫你賺錢！），便貿然進入股票市場，意圖賺別人的錢。股票市場絕對不是新手一跳進來，就能輕鬆賺錢的地方。股市波動變化多端，就算深諳管理資金、時間、心理，也很容易在此動搖。

反之，不動產呢？

相較於隨時都能交易的股票，買賣不動產的手續繁複，商品數量有限，想要交易，必須花費很多時間。

價格下跌時，鮮少有人購買不動產，因此很難認賠殺出。價格上漲時，想買的人比想賣的人更多，但商品數量有限，所以價格會在短期內暴漲。

有鑒於此，不動產交易的等候時間較長，較少受到心理因素的影響。對於投資新手而言，不動產可謂是高勝率的投資對象。

這麼說的話，爲什麼要從競標法拍屋做起呢？競標法拍屋的優點多於一般買賣和預售，是個容易管控的投資方式。

一般不動產買賣和預售，通常會將交易的程序或選擇權交給其他人。仲介或代銷推薦你不錯的物件，你再付錢請他們代行處理流程。那仲介和代銷如何賺錢呢？不管你是賺是賠，他們都會從中收取手續費。

付錢委託他人執行的，就是一般買賣或預售。你可能會問，要是自己挑選投資標的，然後再請仲介協助呢？

這是新手的想法。如前所述，不動產商品數量有限，你親自挑選之後，再找仲介幫忙，該物件有可能已經沒了。不動產並非便利商店販賣的香菸，而是有人願意出售，才有機會購買的東西。即便如此，新手們仍然老是誤以爲隨時都能買到不動產。有時候，我們在網路上看好想買的商品，到了百貨公司，也時常買不到，何況是數量有限的不動產。

缺貨的時候，百貨公司職員會怎麼做呢？讓顧客空手離開嗎？這樣的話，他不就賺不到錢了嗎？當然是推薦其他商品，說服你那是爲你量身打造。

百貨公司職員其實根本不在意自己推薦的東西適不適合顧客，只是爲了賣出商品而已。仲介和代銷也一樣。假如沒有賣出物件，他們就收不到手續費，所以會說服客人買其他物件。

然而，競標法拍屋不一樣。這場交易，從頭到尾都是你自己的選擇與決定。競標的法拍屋是債務人（不動產持有者）因爲還不出錢，不得不拍賣的物件。它們就像陳列在便利商店的商品一樣，陳列在法院裡面，童叟無欺，法院也不會使用行銷手法誘導你購買。

只要你的眼光不錯，懂得辨別這當中哪個是好貨，然後在競標者中脫穎而出就行了。完全以本人的意願取得物件，不參雜別人的意見。

進行不動產一般買賣時，行情愈好，可交易物件愈少。因爲大家都會抱著待價而沽的心態，不願意輕易出售。但法拍屋不同，持有人無法償還債務時，不動產就會列管拍賣，所以永遠都有商品。也就是說，不管行情是漲是跌，拍賣市場上總有待售物件。

此外，不動產一般買賣需按照《民法》交易。買方和賣方中，只要有一人違約，或單方面取消交易，就必須按照《民法》規範處置，縱使突然發生問題，也不能取消交易。已經繳納的訂金或中期付款，在法院判決出爐前，都不能收回。仲介在交易時開具的「扣款證明」，可以讓你在出問題時申請理賠，但不保證全額返還，依韓國法律，理賠金額最高只到一億韓元。

有些人以爲不動產交易出問題時，仲介會負起責任，但事實並非如此。仲介需要做的只有履行告知義務（表明事實），交易中發生的問題是當事者（買方和賣方）的事，雙方必須自行解決。法院實際判例中，幾乎沒有仲介全額賠償的情形。之所以必須部分賠償，多半是仲介未履行告知義務的緣故。

相反的，競標法拍屋沒有這種風險。就算發生變數，也不會超出可管控範圍。一旦得標、繳納尾款後，法院就會透過委託登記（一般登記是當事人自行處理，委託登記是法院根據法規直接登記），移轉所有權給你。如果法院有疏失，原則上需要全權負責，歸還所有資金，還會加上利息，這就是所謂的「禁止處分」。

競標法拍屋或許對你來說很陌生，但這是最安全、準確的不動產投資方法。你可以親自挑選想要的物件，由法院負責安全地移轉所有權。要是法院出錯，你也不愁沒有保障。

不過，法院提前告知的權利問題等，責任由投標者（準買家）承擔。據此，你必須自行掌握法拍屋的權利相關問題，擁有「權利分析」的能力。話雖如此，權利分析也不是難事，學會看待售物件明細的方法，便能輕鬆選出安全的物件。

如果交給代標公司處理又是另一回事。你必須養成自學習慣，替自己追求利益，不要總是依賴別人。請再複習一下〈人情債總有一天要還〉〈不用錢的最貴〉〈不要被行銷策略欺騙〉等章節吧。

富者們多半是從競標法拍屋做起，而不是一般買賣。理由同前述。假如你是投資新手，比起高風險的一般買賣，建議先從法拍屋入門。

由於本書旨在討論富者的態度，法拍屋投資相關內容就簡單說到這裡。

我執筆這本書的其中一個動機，正是因爲看到許多人藉由競標法拍屋獲得財富，卻不懂理財，老是把錢賠光光。

想要成爲富者，態度至關重要。切記，唯有徹底掌握富者的態度，才能守住辛苦賺來的財富。

結語

想要成爲富者，就先培養態度吧！

以前經商時，我看過各式各樣的人，而現在透過投資與演講，持續認識更多人。

與他們對話時，不難發現每個人關注的事情都不太一樣，但「錢」是所有人一致看重的主題。

不分男女老少，從社會新鮮人到退休人士，誰都想要賺錢。甚至令人懷疑，人是否到死爲止，都想要成爲富者。

可是，相對於想要成爲富者的人來說，具備正確態度的人實在少之又少。我見過許多善於做生意、開公司、投資的人，由於態度不正確，賠了一堆錢的例子，這令我感到非常惋惜。

有個想要成爲富者的上班族A。他每天出門上班時，都會喝杯名牌咖啡。上班期間，如果逛網拍看到買一送一的活動，就算不是必需品，也會按下購買鍵。下班後，時常和朋友或同事一起吃晚餐、喝酒。要是喝多了，便毫不猶豫地搭計程車回家。滑社群網站時，他發現薪水比自己低的朋友上傳了出國旅遊的照片。他心想，我每天辛苦工作，沒有理由不能出去玩，所以立刻搜尋了夏季旅遊地。

當他存不到錢時，卻選擇自我合理化，把問題推給公司薪水太少。

事實上，我們身邊有很多和A一樣的人。

乍看之下，他們的生活不算奢侈，還懂得利用買一送一的活動省錢。但仔細觀察的話，你會發現他們非但進行了不必要的消費，還老是亂跟風，根本沒有一點富者的態度。

很顯然的，在具備正確的態度之前，A再怎麼想要成爲富者也不可能如願。

除了上述的常見例子，我還看過許多想要成爲富者，卻不學習基本觀念與態度，光做白日夢的人。

口口聲聲說要當房東，結果一年存不到一千萬韓元的人；月薪兩百萬韓元，卡費三、四百萬韓元的人；學貸尚未繳清，就預借現金買車的人；以爲自己能和有錢人結婚，藉此變得富有的人；準備三個月，就貿然創業的人；光聽別人的片面之言，把所有身家拿出來投資的人；賺了一點錢，便盲目擴張事業的人……多得不勝枚舉。

我很確定，任誰都可以成爲富者。

然而，想要成爲富者，必須先具備富者的態度。懷抱著這樣的心情，我以自己實際看到、學到的東西，以及經歷過的事情爲基礎，向各位說明眞正的富者態度。

我試著透過本書盡力表達我實際見過的富者們所具備的共同態度。

如果各位能夠深入了解這些說明範例中的人物與情境，就可以找到值得學習的對象。

眞心期盼讀者們不斷反覆閱讀，將富者的態度轉化成自己的東西。

回首我千辛萬苦成爲富者的路上，有太多與現實相悖的地方。單憑理論家所說的希望與理想，難以在攸關生存的現實世界中存活下來。誰都會說好聽話，你必須自行判斷哪些話眞的對致富有幫助。

我至今仍在試錯，但我誠摯希望讀者們可以少經歷一些我曾犯過的錯誤。

正如胡志明名言所說：「以不變應萬變。」富者的基本態度將帶給你強大的力量，使你不會在瞬息萬變的世道輕易動搖。

富者從一開始就有富者的樣子。

因爲他們早已抱持著富者的態度。

期盼這本書能讓更多人省下不必要的試錯，直接習得眞正的富者態度。

Eurasian Publishing Group
圓神出版事業機構
用心與你對話・視野無限寬廣
先覺出版社
Prophet Press

www.booklife.com.tw
reader@mail.eurasian.com.tw

商戰系列 235

富者的態度：關於工作、投資、關係、金錢的正確心態

作　　者／J won（제이원）
譯　　者／Loui
發 行 人／簡志忠
出 版 者／先覺出版股份有限公司
地　　址／臺北市南京東路四段50號6樓之1
電　　話／（02）2579-6600・2579-8800・2570-3939
傳　　真／（02）2579-0338・2577-3220・2570-3636
副 社 長／陳秋月
資深主編／李宛蓁
責任編輯／劉珈盈
校　　對／林淑鈴・劉珈盈
美術編輯／林韋伶
行銷企畫／陳禹伶・黃惟儂
印務統籌／劉鳳剛・高榮祥
監　　印／高榮祥
排　　版／杜易蓉
經 銷 商／叩應股份有限公司
郵撥帳號／18707239
法律顧問／圓神出版事業機構法律顧問蕭雄淋律師
印　　刷／祥峰印刷廠
2023 年 6 月　初版
2024 年 5 月　6 刷

[부자의 자세 The Attitude of Rich] by 제이원 J won
Copyright 2022 © by 제이원 J won
All rights reserved.
Complex Chinese copyright © 2023 by EURASIAN PUBLISHING GROUP, Prophet Press
Complex Chinese language edition arranged with Goodpencil Co.
through 韓國連亞國際文化傳播公司 (yeona1230@naver.com)

定價380 元　　ISBN 978-986-134-458-4　版權所有・翻印必究

◎本書如有缺頁、破損、裝訂錯誤，請寄回本公司調換
Printed in Taiwan

人總是高估了自己兩年內可以賺到的錢，
卻低估了未來二十年可以賺到多少財富。

——畢德歐夫，《我在計程車上看到的財富風景》

◆ **很喜歡這本書，很想要分享**

圓神書活網線上提供團購優惠，
或洽讀者服務部 02-2579-6600。

◆ **美好生活的提案家，期待為您服務**

圓神書活網 www.Booklife.com.tw
非會員歡迎體驗優惠，會員獨享累計福利！

國家圖書館出版品預行編目資料

富者的態度：關於工作、投資、關係、金錢的正確心態／J won 著；Loui 譯 . -- 初版 . -- 臺北市：先覺出版股份有限公司，2023.6
304 面；14.8×20.8 公分 --（商戰系列；235）
譯自：부자의 자세
ISBN 978-986-134-458-4（平裝）

1. 成功法　2. 金錢心理學

177.2　　112006253